Working with German

Level 2
Coursebook

Books for learning languages from Stanley Thornes include:

FRENCH

M. Mitchell *Working with French* Development Level (Coursebook, teacher's book and cassette)

M. Mitchell *Working with French* Foundation Level (Coursebook, teacher's book and cassette)

R. Symons, Z. Bowey and F. Donaldson *En direct de la France* (Reading materials from authentic sources)

P. Lupson and M. Pélissier *Everyday French Idioms*

S. Truscott and M. Mitchell *Talking Business French* (Coursebook, teacher's book and cassettes)

M. Gross *Practice in French Grammar*

P. Horsfall *Advanced French Vocabulary*

GERMAN

P. Lupson, D. Embleton, E. Eggington *Working with German* Level 1 (Coursebook, teacher's book and cassette) Level 2 (Coursebook and cassette)

A. and V. Yeomans et al. *Talking Business German* (Coursebook, teacher's book and cassettes)

P. Lupson *Echt Deutsch* (Reading materials from authentic sources)

P. Lupson *Everyday German Idioms*

H. Lanzer and R. Parikh *Advanced German Vocabulary*

A.G. Jones and G. Lawlor *Practice in German Grammar*

SPANISH

J. Kattán-Ibarra and T. Connell *Working with Spanish* Levels 1 and 2 (Coursebooks, teacher's books, cassettes)

J. Kattán-Ibarra and T. Connell *Talking Business Spanish* (Coursebook, teacher's book, cassettes)

S. Rouve and R. Symons *En directo desde España* (Reading materials from authentic sources)

ITALIAN

D. Aust and C. Shepherd *Letters Sigillate*

C. Flynn *Attenzione Prego!* (Book, cassettes for intensive listening)

For a full list of our Modern Languages titles, please see our Modern Languages Catalogue

Working with German
Level 2
Coursebook

Elspeth Eggington
Freelance Linguist

Doug Embleton
Senior Linguist, ICI Chemicals and Polymers Limited

Peter Lupson
Head of Modern Languages, Weatherhead High School, Wallasey

Language Consultant:
Friedrich Dehmel
Lecturer, Goethe-Institut, Manchester

Stanley Thornes (Publishers) Ltd

First published in 1990 by:
Stanley Thornes (Publishers) Ltd
Ellenborough House
Wellingtoin Street
CHELTENHAM GL50 1YD
United Kingdom

Reprinted 1992
Reprinted 1994

British Library Cataloguing in Publication Data

Eggington, Elspeth
    Working with German.
    Level 2. Coursework
    1. German language. Business German
    I. Title II. Embleton, Doug III. Lupson, Peter
    808.066651031

ISBN 0–7487–0147–8

Typeset by Tech-Set, Gateshead, Tyne & Wear.
Printed and bound in Great Britain at Redwood Books, Trowbridge, Wiltshire.

Contents

*Additional exercise based on this grammar point at end of chapter

Introduction

Working with German Level 2 is designed for anyone needing to use the language for practical purposes, in particular for commerce and industry. It can be used as a continuation of Level 1 or as a free-standing coursebook for students who have a knowledge of basic German grammar and wish to learn more advanced language skills set within the context of specific work-orientated situations.

The book consists of ten chapters which cover all the main language skills areas and can be used either sequentially or selectively. Chapters 1–8 cover business areas such as applying for jobs, dealing with quotes, orders, payment, specifications for packaging, preparing for a business trip; while Chapters 9 and 10 introduce background skills (telephoning, letter writing, sending telexes, etc.).

Each chapter is subdivided into areas relating to the main chapter heading. For easy reference, these areas are listed at the beginning of each chapter, along with important expressions (*Wichtige Ausdrücke*) and the main language points covered. A summary of language forms and additional exercises are provided at the end of each chapter.

Each chapter, except Chapter 10 (letter writing) contains dialogues (marked with the symbol) illustrating typical work-related conversations, and introducing new grammatical material. Transcripts of the listening comprehensions and dictation material are provided at the end of the book together with a list of irregular verbs, abbreviations and a German–English vocabulary list. The definitions in the vocabulary list relate to the context in which the words are used in the book.

Authentic extracts from company correspondence, brochures and newspapers form the basis of much of the reading material, and many of the exercises are set within the context of up-to-date realia. Instructions for exercises are usually given in German except where in the real situation they would be given in English. The range of the exercises is suitable for most levels of personnel who have to communicate with their German-speaking counterparts using both the spoken and the written language.

Acknowledgements

The authors are grateful to the following for their guidance:

A T Poeton and Son Ltd, Gloucester;
Careers Advisory and Business Services, Cheltenham and Liverpool;
Columbus Plastics Ltd, Cheltenham;
The Packaging Distributors' Association, London;
National Westminster Bank PLC, Cheltenham;
Thurston Snooker, Liverpool, Birmingham and London.

The authors and publishers are grateful to the following for permission to reproduce material:

Helga Lade Fotoagentur for the photos on pages 2, 38, 64, 87, 88;
Industrie- und Handelskammer Hannover-Hildesheim for the extracts from their annual report (1988) on pages 14–15;
Volkschochschule Göttingen e.V. for the extracts from their prospectus on pages 15–16;
Nimlok Ltd for the extract from their leaflet on page 29;
Deutsche Bundesbahn for the extracts from their publications on pages 32, 55–6, 76, 91–2 and the photos on pages 55 and 106;
Scala for permission to adapt an extract from their publication on page 48;
Deutsche ICI GmbH for the *Unfallmerkblatt für Straßentransport* on page 50;
European Commission for the photo on page 65, by kind permission of the *Direction Générale de l'Information*;
National Westminster Bank PLC for supplying the specimen Eurocheque, Eurocheque card and credit cards on page 68;
Quelle for the extract from their catalogue on page 69;
Arabella Hotels for the extract from their hotel brochure on page 77;
Hertz Autovermietung GmbH for the extracts from their leaflet on pages 78–9;
Flughafen Köln/Bonn GmbH for the extract from their timetable on page 81;
Rainer Thiele Verlag for the extracts from *München Life* on pages 88–9;
Keystone Pressedienst for the photo on page 101;
Deutsche Bundespost Telekom for the extract from their tourist information brochure on page 102;
Fremdenverkehrsverband Weer-Kolsass-Kolsassberg for the extract from their leaflet on page 118.

Every attempt has been made to contact copyright holders, but we apologise if any have been overlooked.

Kapitel 1

Darf ich mich vorstellen?

Was haben Sie bis jetzt gemacht?

1 Helmut Zimmermann soll einen Vortrag über seine Arbeit in der Industrie halten. Um Herrn Zimmermann vorstellen zu können, muß der Veranstalter etwas über Herrn Zimmermanns bisherige Arbeit erfahren. Hier unten steht ein Teil ihres Dialoges.

Interviewer: Herr Zimmermann, wo sind Sie geboren?
Zimmermann: Ich bin in Hamburg geboren.
Interviewer: Und wann sind Sie geboren?
Zimmermann: Im Jahre 1935.
Interviewer: Sie arbeiten bei einer Chemiefabrik, nicht wahr?

1

Zimmermann:	Ja, das stimmt.
Interviewer:	Was für Qualifikationen haben Sie, wenn ich fragen darf?
Zimmermann:	Auf der Schule habe ich vor vielen Jahren mein Abitur gemacht, dann bin ich zur Universität gegangen, um Chemie zu studieren.
Interviewer:	Gefiel es Ihnen in München?
Zimmermann:	München war damals und ist immer noch eine sehr schöne und lebhafte Stadt. Es hat sehr viel zu bieten.
Interviewer:	Wie lange haben Sie studiert?
Zimmermann:	Sechs Jahre ungefähr.
Interviewer:	Was haben Sie danach gemacht?
Zimmermann:	1960 habe ich bei einer Firma in Mannheim als Chemiker angefangen. Das war eine interessante Arbeit. Ich habe dort sehr viele Erfahrungen gesammelt und bin acht Jahre geblieben, dann wurde ich Leiter der Forschungsabteilung bei den Hagemann-Metallwerken. Ich arbeite immer noch da, nicht mehr als Chemiker, sondern als Geschäftsführer.
Interviewer:	Was für Hobbys haben Sie, wenn Sie überhaupt mal Freizeit haben?
Zimmermann:	Ich schwimme sehr gern, aber am liebsten gehe ich mit meiner Frau ins Theater.
Interviewer:	Haben Sie auch Kinder?
Zimmermann:	Ja, zwei Söhne und zwei Töchter, aber sie sind schon erwachsen. Ich bin sogar schon Großvater. Letztes Jahr habe ich mein erstes Enkelkind bekommen.

2 Bereiten Sie ein paar Zeilen vor, die etwas über Herrn Zimmermann und seine Karriere beschreiben sollen. Lesen Sie dann vor, was Sie geschrieben haben.

3 Sie arbeiten im Moment in einem deutschsprachigen Land. Während der ersten paar Tage stellen Ihnen Ihre neuen Kollegen einige Fragen. Beantworten Sie die folgenden Fragen.

a) Wo haben Sie studiert?
b) Wie lange haben Sie studiert?

   c) Wo haben Sie zuerst gearbeitet?

   d) Wie lange haben Sie dort gearbeitet?

   e) Was für Hobbys haben Sie?

   f) Haben Sie Kinder?

4 Sie sind Mitglied einer Handelsdelegation, die ein deutschsprachiges Land besucht. Die Reise beginnt mit einem Empfang. Erzählen Sie einem anderen Teilnehmer (Partner/in) etwas über sich, zum Beispiel, wo Sie wohnen und arbeiten, etwas über Ihre Familie und was für Hobbys Sie haben.

5 Sie sind bei einem internationalen Unternehmen mit Hauptsitz in der Bundesrepublik beschäftigt. Das Informationsblatt, das alle paar Wochen erscheint, enthält oft einen kurzen Bericht über einige Mitarbeiter und Mitarbeiterinnen. Sie müssen einen Bericht über ein Personalmitglied in Großbritannien schreiben.

Wählen Sie einen Kollegen oder eine Kollegin, und beschaffen Sie sich von ihm/ihr alle nötigen Einzelheiten für Ihren Bericht, dann schreiben Sie ihn.

Beispiel   Frau Mason arbeitet seit 1983 bei uns. Sie ist für den Lagerraum verantwortlich. Sie ist direkt von der Schule zu uns gekommen. In ihrer Freizeit segelt sie gern.

Wichtige Ausdrücke

> - Darf ich Sie mit Herrn Schuhmacher bekanntmachen?/Darf ich Ihnen Herrn Schuhmacher vorstellen?
> ■ Guten Tag, Herr Schuhmacher. Es freut mich, Sie kennenzulernen.
> ▲ Ebenfalls/gleichfalls.

6 Sie nehmen an einer Konferenz teil. Beim Kaffeetrinken in der Pause stellen Sie sich einigen anderen Teilnehmern vor.

Beispiel   Darf ich mich vorstellen?/Ich möchte mich vorstellen. Mein Name ist Anna Berry. Ich bin Sekretärin. Ich möchte Ihnen auch meinen Kollegen John Richards vorstellen. Er ist Zeichner.

Stellen Sie sich selbst und Ihre/n Nachbarn/Nachbarin vor.

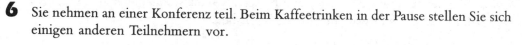

Grüß Gott!

Wichtige Ausdrücke

Morgens vor der Arbeit und abends nach der Arbeit gibt man seinen Kollegen und Kolleginnen, besonders den Vorgesetzten, oft die Hand.

Man gebraucht auch oft verschiedene Gruß- und Abschiedsformeln für Freunde (oder Bekannte) und Vorgesetzte. Informelle Formeln sind zum Beispiel: Mahlzeit, Morgen, Tag, Tschüs (auch formell in Norddeutschland), Bis gleich, Schönen Feierabend. Formelle Ausdrücke sind: Guten Tag, Guten Morgen, Auf Wiedersehen, Auf Wiederschauen (üblich in Süddeutschland und Österreich).

7 Erstellen Sie anhand der schon bekannten und untenstehenden Gruß- und Abschiedsformeln mit einem/einer Partner/in kurze Dialoge.

a) Mit Ihrem/Ihrer Geschäftsführer/in
b) Mit Ihrem/Ihrer Kollegen/Kollegin

Nützliche Ausdrücke
- Wie geht's?
- Guten Morgen alle zusammen

- So, ich gehe jetzt, bis morgen
- Bis bald
- Mahlzeit
- Ich gehe jetzt zu Tisch
- Guten Appetit!
- Schönen Feierabend
- Schönes Wochenende
- Grüß Gott

Was sind Sie von Beruf?

8 Das Personal einer kleineren Firma: Jagenberg Elektronik GmbH

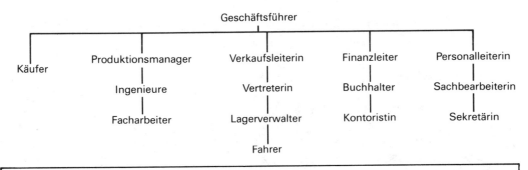

Information

Der/die Geschäftsführer/in leitet die Gesellschaft.

Die Manager/Leiter/innen sind dem Geschäftsführer unterstellt. Sie sind verantwortlich für die Angestellten in ihrer eigenen Abteilung.

Die Ingenieure/Ingenieurinnen planen bzw. machen die technische Arbeit. Sie entwerfen zum Beispiel Maschinen, oder sie überprüfen verschiedene Bestandteile.

Die Kontoristen/Kontoristinnen arbeiten im Büro und machen u.a. die Buchhaltung.

Die Vertreter/innen reisen innerhalb eines bestimmten Bezirks, um die Produkte ihrer Firma zu verkaufen.

Der/die Lagerverwalter/in kontrolliert alles im Lagerhaus.

Die Facharbeiter/innen sind in der Fabrik beschäftigt.

Die Fahrer/innen liefern Waren ein bzw. aus.

Sachbearbeiter/innen arbeiten in jeder Abteilung und sind für ein bestimmtes Sachgebiet zuständig.

Sekretärinnen sind auch in jeder Abteilung beschäftigt.

9   Sie unterhalten sich mit einem/einer deutschsprachigen Kollegen/Kollegin. Beschreiben Sie ihm/ihr die Personalstruktur Ihrer eigenen (oder einer anderen) Firma bzw. Abteilung.

10   Hörverständnis

While attending a foreign language course, participants have to give a short talk on their work. Match each of the talks with one of the jobs listed below.

Air steward/ess
Long distance lorry driver
Exporter
Secretary
Policeman/policewoman

11   Bereiten Sie einen kurzen Vortrag über Ihre eigene Arbeit vor, und halten Sie ihn vor der Klasse.

Ich möchte mich bewerben

12   Lesen Sie folgende Stellenangebote.

Gut eingeführter und expandierender Hersteller von Sportartikeln sucht zum 1. September eine/n selbständige/n Vertreter/in für Großbritannien. Wenn Sie schon in diesem Bereich Erfahrung haben und auch fließend Deutsch und Englisch sprechen, wenden Sie sich bis zum 15. Juni telefonisch oder schriftlich an uns.

Schweizer Sportartikel GmbH, Hauptstr. 14, CH-Bern
Tel.: 0 63 29/3 67

Zum 1. Januar 1990 suchen wir für die Vertriebs- und Werbeleitung unseres literarischen Verlags eine erfahrene

Sekretärin

Sie verfügen über eine gute Allgemeinbildung sowie ausgeprägtes Organisationstalent und haben Freude an moderner Bürotechnik. Sie beherrschen die üblichen Sekretariatsarbeiten perfekt und behalten auch bei Hektik Ihre Nerven.

Schoder Verlag
Tel.: 026 62 22 87

Wir suchen zum 1. April 1990 eine/n Fachingenieur/in für unsere Forschungsabteilung.

Sind Sie zuverlässig? Arbeiten Sie gern mit einem Team zusammen, manchmal auch außerhalb der normalen Arbeitsstunden? Dafür bekommen Sie ein gutes Gehalt und eine interessante Stelle.

Bitte rufen Sie uns an, um einen Termin mit uns zu vereinbaren.

Süddeutsche Autowerke, Mannheim
Tel.: 089/670 92 94

13 Rollenspiel

Person A: Sie interessieren sich für eins der Stellenangebote. Rufen Sie die in Frage kommende Firma an und bitten Sie um ein Antragsformular und weitere Informationen, z.B. über Arbeitszeiten, Gehalt, Sprachkenntnisse. Fragen Sie auch, wann Sie das Formular zurückschicken müssen.

Person B: Sie sind Personalchef/in. Beantworten Sie die Fragen des/der Bewerbers/Bewerberin, und bestätigen Sie, daß Sie ihm/ihr alle nötigen Informationen und ein Antragsformular zusenden werden.

Wichtige Ausdrücke

Bis wann muß ich . . .
Ich habe Ihre Annonce mit großem Interesse gelesen.
gleitende Arbeitszeit
in den nächsten paar Tagen
mein/Ihr Lebenslauf
Ich möchte mich um die Stelle bewerben.
das Antragsformular ausfüllen

14 Sie haben Ihr Antragsformular zurückgeschickt und haben infolgedessen folgende Einladung zum Vorstellungsgespräch am 16. Juni um 10.30 erhalten. Schreiben Sie eine kurze Antwort, um zu bestätigen, daß Sie zum Vorstellungsgespräch kommen können.

Nützliche Ausdrücke
- Ich danke Ihnen für . . .
- Ich bestätige hiermit, daß . . .
- eine Einladung zum Vorstellungsgespräch annehmen

Sehr geehrte(r) Herr/Frau . . .

Betr.: Unser Stellenangebot – Sekretärin/ Fachingenieur(in)/Vertreter(in)

Wir danken Ihnen für obengenanntes Antragsformular und laden Sie hiermit zum Vorstellungsgespräch ein, und zwar am Montag, dem 16. Juni, um 10.30. Bitte bestätigen Sie diesen Termin.

Bitte melden Sie sich am Empfang, und bringen Sie alle Zeugnisse und entsprechenden Unterlagen mit.

Mit freundlichen Grüßen

15 Sie gehen zu einem Vorstellungsgespräch und müssen die ganze Zeit Deutsch sprechen. Unten stehen einige typische Fragen. Beantworten Sie sie.

a) Erzählen Sie etwas über ihre bisherige Arbeit.
b) Warum haben Sie Ihre vorletzte Stelle aufgegeben?
c) Was müssen Sie in Ihrer gegenwärtigen Stellung machen?

d) Arbeiten Sie gern im Team?
e) Möchten Sie gern eine Beförderung?
f) Was gefällt Ihnen an Ihrer Arbeit?
g) Was für Gehaltsforderungen haben Sie?
h) Haben Sie Zeugnisse und Unterlagen mitgebracht?

16 Hörverständnis

Sie arbeiten für die Personalabteilung einer Firma in der Bundesrepublik. Ihre Chefin, Renate Lohmann, diktiert Ihnen ein Zeugnis für eine Kollegin, die Ihre Firma verläßt. Hören Sie sich die Kassette an, und schreiben Sie den Text auf.

17

Im Profil auf der nächsten Seite sehen Sie, wie sich die Rolle des Managers in Europa allmählich verändert. Viele der alten hochgeschätzten Eigenschaften wie Fachwissen, gute Qualifikationen, die Fähigkeit, alles in Ordnung zu halten, scheinen nicht mehr so wichtig zu sein. Stattdessen werden Eigenschaften wie zum Beispiel Fremdsprachenkenntnisse, Kommunikationsfähigkeit, starke Motivierung, Flexibilität immer wichtiger.

Was ist Ihre Meinung darüber? Ist die Rolle des europäischen Managers von morgen wirklich anders geworden? Sind Sie mit dem Profil einverstanden, oder gibt es Ihrer Meinung nach andere Eigenschaften, die von einem erfolgreichen Manager verlangt werden? Diskutieren Sie Ihre Meinung mit Ihrer Gruppe bzw. mit einem/einer Partner/in.

Nützliche Ausdrücke
Zustimmen:
- Ich bin völlig Ihrer Meinung.
- Das ist auch meine Überzeugung.

Widersprechen:
- Ich behaupte das Gegenteil.
- Im Gegenteil! Ich sehe die Sache so.

Nachfragen:
- Können Sie mal ein Beispiel geben?
- Darf ich mal unterbrechen?

Die eigene Meinung unterstreichen:
- Ich bin der Ansicht, daß ...
- Ich bin der festen Überzeugung, daß ...

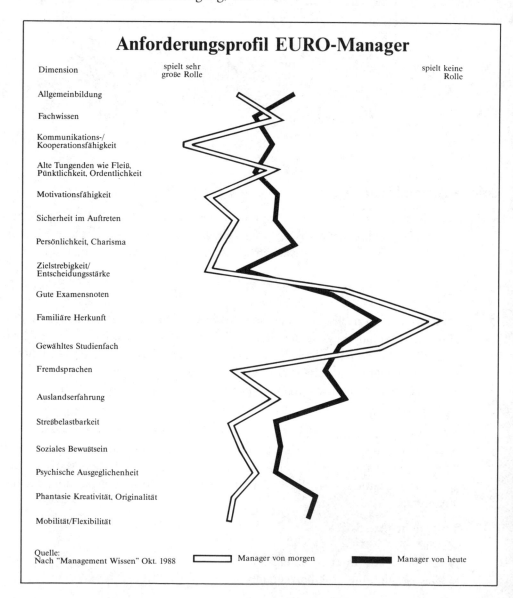

Anforderungsprofil EURO-Manager

Dimension — spielt sehr große Rolle ... spielt keine Rolle

- Allgemeinbildung
- Fachwissen
- Kommunikations-/Kooperationsfähigkeit
- Alte Tungenden wie Fleiß, Pünktlichkeit, Ordentlichkeit
- Motivationsfähigkeit
- Sicherheit im Auftreten
- Persönlichkeit, Charisma
- Zielstrebigkeit/Entscheidungsstärke
- Gute Examensnoten
- Familiäre Herkunft
- Gewähltes Studienfach
- Fremdsprachen
- Auslandserfahrung
- Streßbelastbarkeit
- Soziales Bewußtsein
- Psychische Ausgeglichenheit
- Phantasie Kreativität, Originalität
- Mobilität/Flexibilität

Quelle:
Nach "Management Wissen" Okt. 1988

Manager von morgen   Manager von heute

Summary of language forms

1 Use of perfect and imperfect tenses in conversation

In conversation the perfect tense is used to express completed actions. The imperfect tense is used to express the state or condition of something in the past.

Ich habe mein Abitur gemacht.

Ich habe bei einer Firma in Mannheim angefangen.

Ich habe sehr viele Erfahrungen gesammelt.

Das war eine interessante Arbeit.

München war damals eine sehr schöne Stadt.

2 Perfect tense of modal verbs

The past participles of modal verbs are as follows: *gemußt, gekonnt, gewollt, gesollt, gemocht, gedurft*.

The past participles are only used when the modals are independent verbs.

Ich habe es *gemußt*.

Das haben wir nicht *gekonnt*.

If there is another verb dependent on the modal, the modal verb appears in the infinitive.

Ich habe den Bericht nicht schreiben *können*.

3 *Aber* and *sondern*

Sondern should be used to express 'but' if the preceding idea is negative, and the idea coming after 'but' offers a contrast.

Ich schwimme gern, *aber* am liebsten gehe ich ins Theater.

Ich arbeite immer noch da, nicht mehr als Chemiker, *sondern* als Vorsitzender.

Note also:

Ich lerne *nicht mehr* Französisch *sondern* Deutsch.

Sie ist *nicht nur* Sekretärin *sondern auch* Übersetzerin.

4 Adjectival nouns

Nouns formed from adjectives begin with a capital letter. The endings are treated as adjective endings. (See *Working with German Level 1*, pages 52–3, for adjective endings.)

Ich arbeite dort als Vorsitzend*er*.

Der Vorsitzend*e* ist im Moment nicht im Büro.

Dieser Film ist für Erwachsen*e*.

Other adjectival nouns: *der Bekannte, der Beschäftigte, der Vorgesetzte*.

5 Was für ...

Although *für* takes the accusative, nouns following *was für* are not necessarily in the accusative. Their case is governed by the function of *was für* in the sentence.

    Was für ein Wagen ist das?   (nominative)

    Was für einen Wagen haben Sie?   (accusative)

    In was für einem Haus wohnen Sie?   (dative after *in*)

Was für can also introduce a dependent clause.

    Ich weiß nicht, was für eine Firma das ist.

    Wissen Sie, in was für einer Firma Sie arbeiten möchten?

Additional exercises

1 Complete the following sentences with either *sondern* or *aber*.

a) Ich arbeite nicht bei der Firma Holz AG, _____ bei Böhm.

b) Wir möchten kommen, _____ wir können nicht.

c) Meine Heimatstadt hat sehr viel zu bieten, _____ München hat noch mehr.

d) Mein Kollege spricht nicht nur Italienisch, _____ auch Japanisch.

e) Meine Arbeit ist anstrengend, _____ auch interessant.

f) Herr und Frau Vogel kommen nicht im Oktober zu Besuch, _____ im November.

2 Put the following sentences into the perfect tense using a modal verb.

Example   Wie lange haben Sie studiert?   (müssen)

              Wie lange haben Sie studieren müssen?

a) Wie lange haben Sie dort gearbeitet?   (müssen)

b) Wann haben Sie dort angefangen?   (können)

c) Wieviel Erfahrung haben Sie gesammelt?   (können)

d) Ich habe einen Bericht geschrieben.   (müssen)

Kapitel 2

Sich informieren

Von zu Hause	Collecting and understanding information prior to a visit to a German-speaking country: page 13
An Ort und Stelle	Gathering information in a German-speaking country and understanding directions: page 16
In Zeitungen und im Radio	Understanding extracts from newspapers and magazines and information on the radio: page 19
Wichtige Ausdrücke	Writing for information: page 16 Types of weather: page 23
Summary of language forms	Prepositions taking the accusative and dative • Conjunctions that affect word order • Conjunctions that do not affect word order • *Als, wenn* and *wann* • Punctuation with *und, aber* and *oder*

Von zu Hause

1 John Sandford, ein englischer Geschäftsmann, versucht Geschäftsverbindungen mit Firmen in der Bundesrepublik anzuknüpfen, da er sich dort in absehbarer Zeit niederlassen will. Er hat verschiedene Organisationen einschließlich der Industrie- und Handelskammer, der Volkshochschule und des Verkehrsamts angeschrieben mit der Bitte um Informationen über geschäftliche und kommerzielle Möglichkeiten sowie berufliche Kurse und Lehrgänge und Freizeitgestaltung.

Sein Brief an die Industrie- und Handelskammer folgt auf der nächsten Seite.

Sehr geehrte Herren,

Betr.: Niederlassung in der Bundesrepublik

wir haben die Absicht, uns in absehbarer Zeit in der
Bundesrepublik niederzulassen. Wir wären Ihnen sehr
dankbar, wenn Sie uns ein Exemplar Ihres Handbuchs
zuschicken würden. Ich bin Mitglied der 'Chamber of
Commerce' hier in Großbritannien, und ich interessiere
mich besonders für folgendes:
- die Einwohnerzahl Ihrer Gemeinde
- die Anzahl der Beschäftigten und Arbeitslosen
- der Mangel an Jugendlichen im Alter von 16-20 Jahren
  und wie dieses Problem gelöst werden soll
- die verschiedenen Industriebranchen in Ihrer Gegend
- einiges über Ihre Industrie- und Handelskammer und ihre
  Ziele.

Ich danke Ihnen im voraus und verbleibe

Mit freundlichen Grüßen

J Sandford

2 Von der Industrie- und Handelskammer bekommt John Sandford u.a. folgende
Information über die Arbeit verschiedener Ausschüsse und die Exporterfolge des
Kammerbezirks.

Trümpfe der Industrieunternehmen des Kammerbezirks auf dem
Weltmarkt (September 1988) in Mio. DM

Kunststoffwaren 40
Feinm. & optische Erzeugnisse 46
Büromaschinen 50
Gummierzeugnisse 72
Chemische Erzeugnisse 124
Maschinen 161
Elektrot. Erzeugnisse 205
Kraftfahrzeuge 283

Die Industrie- und Handelskammer hält Berufsbildung und Umweltschutz für sehr wichtig. Welche Maßnahmen trifft man bezüglich dieser zwei Themen in Ihrem Bezirk? Was denken Sie über die Maßnahmen?

Berufsbildungsausschuß

— Situation der Berufsbildung

— Neuordnung der Büroberufe

— Neugeordnete Metall-, Elektro- und Einzelhandelsberufe

— Verabschiedung von besonderen Vorschriften für Fortbildungsprüfungen

Umweltausschuß

— Errichtung von Hochtemperaturverbrennungsanlagen in Niedersachsen

— Leitlinien der niedersächsischen Umweltpolitik

— Neuordnung der Sonderabfallentsorgung

— Entscheidungsfristen bei Genehmigungsverfahren

3 Once he has established his company in Germany, John Sandford envisages sending some of his personnel on training courses. He is short of time, and asks his assistant to summarise the following extracts from the *Volkshochschule* prospectus, giving details of course content, qualifications or experience necessary for admission to the courses, costs and dates. In English note down the main information that his assistant's summary would provide.

Englisch für den Beruf

Business English

Die Kurse in Business English vermitteln Ihnen die Kenntnisse und Fertigkeiten, die im englischsprachigen Wirtschaftsverkehr erforderlich sind. Sie lernen 1. sich auf Englisch in den alltäglichen Bürosituationen zu verständigen, 2. typische Wirtschaftstexte zu verstehen und Geschäftsbriefe zu verfassen, und gewinnen 3. Einblick in das angloamerikanische Wirtschaftssystem.

Voraussetzung für die Teilnahme sind Kenntnisse, die mindestens 5 Jahren Schulenglisch entsprechen und die aktiv präsent sein sollten. Die Ausbildung in Business English erstreckt sich über ein Jahr, also zwei Semester. Im 1. Semester (Business English 1) erhalten Sie eine elementare Einführung; das 2. Semester (Business English 2) behandelt dann komplexere Sachbereiche. Für Leute mit guten aktiven Englischkenntnissen ist auch der sofortige Einstieg in Business English 2 möglich; das sollte zu Semesterbeginn mit der Kursleiterin geklärt werden.

Nach Abschluß der beiden Semester können Sie das Volkshochschulzertifikat Business English (Wirtschaftsenglisch) erwerben. Es ist anerkannt in Industrie und Handel und ist ein wertvoller beruflicher Qualifikationsnachweis. Für Interessenten, die nach diesen beiden Semestern das VHS-Zertifikat erwerben wollen, kann nach Absprache ein besonderer Vorbereitungskurs auf die Prüfung eingerichtet werden.

Business English 1

Lynda Hiebert

Montags und mittwochs, 17.00 bis 18.45 Uhr, 12. Febr. bis 6. Juni 1990; VHS-Theodor-Heuss-Straße 21; 26 Abende, 60 Ustdn. Gebühr: DM 240,00 (Ratenzahlung möglich: Anzahlung DM 140,00 bei Anmeldung; 2. Rate DM 100,00 am 2. Mai 1990) Kursnummer 71.068.7

Business English 2

Lynda Hiebert

Montags und mittwochs, 18.45 bis 20.30 Uhr, 12. Febr. bis 6. Juni 1990; VHS-Theodor-Heuss-Straße 21; 26 Abende, 60 Ustdn. Gebühr: DM 240,00 (Ratenzahlung möglich: Anzahlung DM 140,00 bei Anmeldung; 2. Rate DM 100,00 am 2. Mai 1990) Kursnummer 71.069.7

Textverarbeitung – Grundkurse MS-WORD

Umfang: 40 Ustdn. – **Gebühr:** DM 144,00 und Sachkosten DM 12,00 insgesamt DM 156,00
Zugangsvoraussetzung: PC-Erfahrung oder Besuch eines Kurzseminars »EDV-Einführung« (siehe S. 12)
Inhalte: Grundlagen: MS-WORD; Erstellen, Verändern, Speichern, Gestalten, Drucken von Texten und Tabellen; Textbausteine, Serienbriefe.
Teilnehmerzahl: 9 bis 14

Wochenseminare Textverarbeitung

als Bildungsurlaub (NFG) anerkannt, montags bis freitags, 8.30 bis 13.00 und 13.45 bis 16.00 Uhr; Raum C 1 in Prinzenstraße 10, Raum C 5 in VHS-Theodor-Heuss-Straße 21.

Kurs 52.066.6   Freise/Lambertz   29. Jan. bis 2. Febr. 1990, Raum C 1
Kurs 52.068.6   Freise/Lambertz   26. Febr. bis 2. März 1990, Raum C 1

Abendkurse Textverarbeitung

(Unterricht auch während der Osterferien); Raum C 3/C 5 in VHS-Theodor-Heuss-Straße 21, BBS 1 in Arnoldischule, Friedländer Weg 37.

Kurs 52.075.6   Mahnkopf   5. Febr. bis 26. März 1990
Montags und mittwochs, 17.00 bis 19.00 Uhr, Raum C 5
Kurs 52.062.7   Beka   21. Febr. bis 11. April 1990
Montags und mittwochs, 17.00 bis 19.00 Uhr, Raum C 4

Wichtige Ausdrücke

Wenn man schriftlich um eine Auskunft bittet:
Ich wäre Ihnen sehr dankbar, wenn Sie mir Information/Auskünfte über die Stadt selbst/die Umgebung/Hotels und Unterkunft/öffentliche Verkehrsmittel... zuschicken würden.
Ich interessiere mich besonders für...
Für Ihre Hilfe/Ihr Entgegenkommen danke ich Ihnen im voraus.

4   Sie müssen geschäftlich in die Schweiz fahren und möchten danach dort einige Tage Urlaub verbringen. Wählen Sie eine für Sie interessante Gegend aus, und schreiben Sie an das Verkehrsamt mit der Bitte um Info-Broschüren. Schreiben Sie im Brief, wofür Sie sich besonders interessieren, z.B. alte Gebäude, schöne Landschaft, Kultur.

An Ort und Stelle

5 Im Verkehrsamt

John Sandford ist jetzt in Deutschland zu Besuch. Er will zum Verkehrsamt und zur Bibliothek und hat später einen Termin beim Bürgermeister.

Sandford:	Können Sie mir bitte sagen, wie ich zur Stadtbibliothek komme?
Beamtin:	Überqueren Sie diese Straße, dann kommen Sie in die Steinstraße. Nehmen Sie dann die zweite Straße links, die Holzstraße. Die Bibliothek befindet sich neben der Sparkasse.

6 In der Bibliothek

Nachdem er Verschiedenes im Handelsverzeichnis nachgeschlagen hat, fragt John Sandford nach dem Weg zum Rathaus.

Sandford:	Wie komme ich am besten zum Rathaus?
Beamtin:	Von der Bibliothek gehen Sie nach rechts und unter der Eisenbahnbrücke hindurch. Dann gehen Sie geradeaus bis zum Graf-Adolf-Platz. Das Rathaus liegt zwischen dem Theater und der Kunstgalerie.

7 Im Rathaus

John Sandford ist gerade im Rathaus angekommen und spricht mit der Empfangsdame.

Sandford:	Guten Tag, ich möchte Herrn Probst sprechen.
Empfangsdame:	Sind Sie schon angemeldet?
Sandford:	Ja, für 11.30 Uhr.
Empfangsdame:	Tragen Sie sich im Gästebuch ein. Ich sage Herrn Probst Bescheid.
	(Sie ruft Herrn Probst, den Bürgermeister, an.)
	. . .OK Herr Probst. Ich werde ihn dann hochschicken. Herr Probst erwartet Sie. Sein Büro ist im ersten Stock. Sie können entweder die Treppe hoch gehen oder den Lift nehmen. Wenn Sie nach oben kommen, gehen Sie nach links. Seinen Namen finden Sie an der dritten Tür rechts.

8 Sie nehmen an einer Konferenz in Ihrer Stadt teil. Ein/e deutschsprachige/r Teilnehmer/in möchte etwas über die Stadt und Gegend wissen. Arbeiten Sie mit einem/einer Partner/in zusammen, und verwenden Sie die richtigen Präpositionen.

Beispiel: ● Was für Sehenswürdigkeiten gibt es hier?
　　　　　　■ Der Dom ist sehr interessant.
　　　　　　● Wie kommt man dorthin?
　　　　　　■ Er ist in der Steinstraße auf der linken Seite.

Nützliche Ausdrücke

● Ich interessiere mich für . . .
● Ich möchte gern . . . sehen.
● Das müssen Sie unbedingt besichtigen.
● Ich kann Ihnen . . . gut empfehlen.
● Das ist besonders sehenswert.
● in der Stadtmitte/im Stadtzentrum/am Stadtrand

9 Hörverständnis

Sie sind im Verkehrsamt und hören einige Gespräche zwischen Touristen und der Beamtin. Hören Sie sich die Kassette an, und finden Sie für jeden Buchstabe auf dem Plan ein Ziel. Vorsicht — die Beamtin hat einen Fehler gemacht. *Ein* Tourist findet den Weg wahrscheinlich nicht.

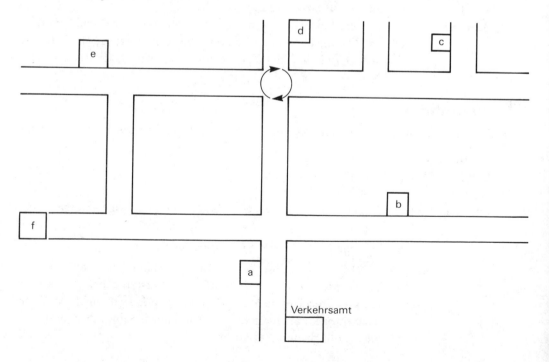

In Zeitungen und im Radio

10 Kleinanzeigen

Versandanzeigen

Trockene Spitzenweine direkt vom Weingut Heinrich Lohmann, 5581 Pünderich. Bitte fordern Sie mein Angebot ES3 an.

Fettarme Leberwurst, fein od. grob, chemiefrei, Kilopreis DM 30, — fr. Haus. Möllermann 6018 Weiterstadt Tel. 061 50/46 72.

Stellenangebote

Arbeiter ges. für Weinlese. Mindestalt. 18 J. ab sof. b. Mitte Sept. Tel. Schmidt 02 11/6 80 21 30

Mitarbeiter gesucht f. Versandhaus bis Weihnacht, evtl. auch feste St. Tel. Braun GmbH 0 52 52/5 03 91.

Land

z. verk. 40 Hektar auf Industriegelände mit Genehmigung f. 1 bzw 2 Fabriken. Tel. Immobilien Klein 0 69/88 39 67.

z. verk. 2 Hektar Land Außenbezirke F'furt mit prov. Genehmigung f. 6 Häuser. Weitere Info v. Immobilien Meyer Tel. 0 25 86/83 92.

11 Suchen Sie eine passende Anzeige.

a) Ein/e Bekannte/r ist Student/in und sucht eine Arbeit für die Sommerferien.
b) Jemand sucht Bauland, um eventuell eine Fabrik zu bauen.
c) Sie möchten einem Bekannten etwas Wein schicken.

12 Suchen Sie eins der Inserate aus, und erzählen Sie einem/einer Partner/in auf deutsch, was gewünscht wird.

13 The company for which you work plans to set up a branch in Germany. A colleague has passed on to you the article below. She has been told that the intention of it is to attract new industry and commerce to Schleswig–Holstein (see the shaded area on the map on page 21), but is interested to know more. She asks you the following questions.

a) How many companies have already set up in business there? If so, does it say from which countries? (paragraph 1)

b) Does the article say which industries have been attracted there? (paragraph 2)

c) Are any financial incentives being offered? (paragraph 3)

d) Are we told of any particular advantages attached to Schleswig-Holstein? (paragraph 4)

"In Schleswig-Holstein sitzen viele Kapitäne auf dem Trockenen."

Stimmt.
Vor allem Wirtschaftskapitäne haben sich hier in den letzten Jahren ausgezeichnete Produktionsbedingungen "an Land gezogen"; 1978 bis 1988 errichteten 440 namhafte Unternehmen aus dem übrigen Bundesgebiet und dem Ausland einen Betrieb in Schleswig-Holstein – mit Tausenden neuer Arbeitsplätze und einem Investitionsvolumen von mehr als einer Milliarde DM.

Statt vieler trockener Zahlen eine Auswahl aus der Branchenvielfalt: Anlagen- und Maschinenbau, Druckereierzeugnisse, Fahrzeugtechnik, Feinmechanik und Optik, Implantat- und Medizintechnik, Kunststoff-Fertigung, Nahrungsmittel-, Pharma- und Verpackungsindustrie sind nur einige von vielen Wirtschaftszweigen, die an Land – pardon – im Land auf Erfolgskurs steuern.

Neben attraktiven Finanzierungs- und Standortkonditionen – in den nächsten Jahren stehen beispielsweise für die Bereiche Technologieförderung und maritime Verbundwirtschaft Förderbeträge in Millionenhöhe bereit – bietet Schleswig-Holstein landesspezifische Vorteile.

Interessante Seetransport-, Handels- und Exportmöglichkeiten in Richtung Osten und Norden (für 22 Millionen Menschen in Skandinavien ist schließlich der Norden Deutschlands fast schon der Süden Europas) sowie unser hoher Anteil an jungen, qualifizierten Arbeitskräften lassen Investitionsprojekte jedweder Größenordnung nicht baden gehen.

Schleswig-Holstein. So weit. So gut.

Schleswig-Holstein-Werbung · Postfach 2640 · 2300 Kiel 1

14 Für die Eröffnung eines neuen Gebäudes der Firma in München, wo Sie arbeiten, hoffen alle auf schönes Wetter. Am Tag vorher lesen Sie den Wetterbericht in der Zeitung. Was für Wetter wird in den nächsten paar Tagen erwartet?

Unbeständig

Wetterlage: Ein umfangreiches Tiefdruckgebiet über Mitteleuropa bestimmt das Wetter im größten Teil Deutschlands mit wolkenreichen Luftmassen.

Vorhersage: Vielfach stark bewölkt, am Nachmittag örtlich auch heiter. Im Tagesverlauf einzelne Schauer oder Gewitter. Höchsttemperaturen um 13, im Bergland bei 10 Grad. Tiefstwerte in der kommenden Nacht um 5 Grad. Schwacher bis mäßiger Wind um Nordwest.

Aussichten: Teils bewölkt, teils auch aufgeheitert und einzelne Schauer oder Gewitter. Wenig geänderte Temperaturen.

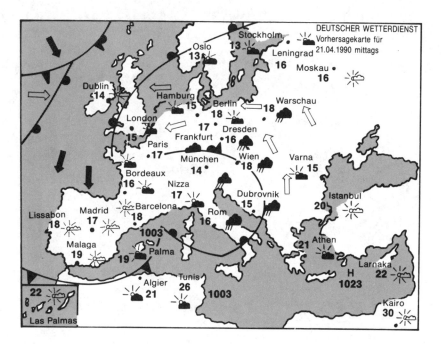

Temperaturen: **Deutschland:** Helgoland: 10, List/Sylt: 12, Hamburg: 12, Hannover: 13, Berlin:
13.00 Uhr MEZ   16, Braunlage: 10, Köln: 10, Bendorf/Rhein: 8, Mainz: 11, Feldberg/Taunus: 4, Frankfurt/Main: 12, Trier: 6, Stuttgart: 9, Freiburg: 12, Feldberg/Schwarzwald: 1, München: 13, Konstanz: 12, Zugspitze: — 6. **Ausland:** Zürich: 10, Wien: 13, Helsinki: 17, London: 12, Amsterdam: 8, Paris: 9, Nizza: 13, Belgrad: 18, Moskau: 15, Rom: 11, Athen: 19, Istanbul: 17, Madrid: 13, Mallorca: 13, Las Palmas: 20, Algier: 17, Tokio: 14, New York: 9.

Wasserstände: Vom 20. April 1990 (nachmittags). Rhein: Rheinfelden 224 (−6), Maxau 440 (−7), Mannheim 260 (−3), Mainz 273 (+7), Bingen 156, Kaub 186 (−1), Koblenz 206 (+11), Andernach 248 (+16), Köln 266 (−1), Ruhrort 354 (+4). − Mosel: Trier 270 (−11), Cochem 249 (+16). − Saar: Saarbrücken 240 (−1). − Lahn: Kalkofen 211 (−3). − Main: Steinbach 151 (+7). − Neckar: Plochingen 152 (−3).

Wichtige Ausdrücke

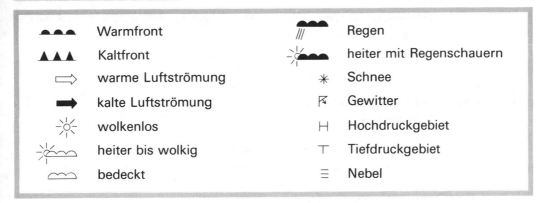

▲▲▲	Warmfront	///	Regen
▲▲▲	Kaltfront		heiter mit Regenschauern
⇨	warme Luftströmung	✳	Schnee
➡	kalte Luftströmung	�҃	Gewitter
☼	wolkenlos	H	Hochdruckgebiet
	heiter bis wolkig	T	Tiefdruckgebiet
	bedeckt	☰	Nebel

15 Hörverständnis

a) While working in Germany you are considering taking leave in order to visit the surrounding area. Does the local radio report influence your decision?

b) What are the main features of the weather report for northern and southern Germany?

16

Ein/e deutschsprachige/r Kollege/Kollegin ist bei Ihnen zu Besuch, und möchte drei bis vier Tage bleiben. Erzählen Sie ihm/ihr, was für Wetter in Radio und Zeitung für die nächsten Tage angekündigt wird.

Summary of language forms

---

1 Prepositions taking the accusative and dative

The prepositions shown below are followed by the accusative if they indicate movement in relation to the following noun or pronoun. They are followed by the dative when there is no change of position in relation to the following noun or pronoun.

an, auf, hinter, in, neben, über, unter, vor, zwischen

Gehen Sie links in *die* Steinstraße.
Der Dom liegt in *der* Steinstraße.

Legen Sie Ihre Sachen auf *den* Tisch.
Die Firma liegt auf *der* linken Seite.

Note   Prepositions taking the accusative answer the question *wohin?* Those taking the dative answer the question *wo?*

2   Conjunctions that affect word order

After the following conjunctions the main verb goes to the end of the clause.

> *als, bevor, bis, da, damit, daß, indem, nachdem, ob,*
> *obgleich, seitdem, so daß, während, weil, wenn, wie*

Bevor Sie *kommen*, müssen Sie einen Wagen reservieren.
Ich komme erst nächste Woche, *weil* ich sehr viel zu tun *habe*.

Note that *als, wenn* and *wann* all mean 'when'. *Als* is used with the imperfect, perfect and pluperfect tenses; *wenn* is used with the present and future tenses; *wann* is used with questions (direct and indirect).

Als ich in der Schweiz *war*, mußte ich Deutsch sprechen.
Rufen Sie uns an, *wenn* Sie am Flughafen *sind*.
Fragen Sie Herrn Klein, *wann* er zu Besuch kommen möchte.

Wenn has the meanings of 'whenever' and 'if' with all tenses.

3   Conjunctions that do not affect word order

The conjunctions *und, aber, oder, sondern* and *denn* do not affect the position of the verb.

Ich schwimme sehr gern, aber am liebsten gehe ich ins Theater.
Ich bin Mitglied der 'Chamber of Commerce', und ich interessiere mich besonders für folgendes.
Ich danke Ihnen im voraus und verbleibe . . .

4   Punctuation with *und, aber* and *oder*

Where there is specific mention made of a subject, clauses introduced by *und, aber* and *oder* should be preceded by a comma.

Wählen Sie eine Gegend aus, und schreiben Sie an das Verkehrsamt.
Hören Sie die Kassette, und schreiben Sie die Antworten auf.

Where a subject is not specifically mentioned (but is understood), a comma is not required.

Ich danke Ihnen im voraus und verbleibe . . .
Ich habe dort sehr viele Erfahrungen gesammelt und bin acht Jahre geblieben.

Additional exercises

1 Complete the following sentences with the correct form of the definite or indefinite article or the contracted form of the article and preposition.

a) Wir wohnen in _____ Steinstraße.
b) Steigen Sie in _____ Auto.
c) Die Bücher liegen auf _____ Schreibtisch.
d) Sie finden unser Büro neben _____ Bibliothek.
e) Stellen Sie Ihren Stuhl neben _____ Schreibtisch.
f) Das Flugzeug fliegt über _____ Berge.
g) Wir gehen in _____ Restaurant.
h) Sie müssen die Nummer in _____ Telefonverzeichnis suchen.
i) Hinter _____ Bahnhof ist ein Parkplatz.
j) Unsere Firma liegt zwischen _____ Rathaus und _____ Kunstgalerie.
k) Herr Römers Zimmer ist in _____ zweiten Stock.
l) Möchten Sie an _____ Fenster oder neben _____ Tür sitzen?

2 Complete the gaps in the following sentences with a suitable conjunction.

a) _____ Sie möchten, können Sie zur Volkshochschule gehen.
b) _____ ich diesen Brief schreibe, muß ich die richtige Adresse finden.
c) Wissen Sie, _____ man an der Volkshochschule eine Englischprüfung machen kann?
d) Ich freue mich, _____ ich morgen in die Schweiz fahre.
e) Ich weiß nicht, _____ Sie zum Rathaus kommen.
f) Ich hoffe, _____ wir im Urlaub schönes Wetter haben.

Kapitel 3

Anfragen und Angebote

Ich habe eine Anfrage

1 Eine Kundin bespricht mit ihrem Lieferanten eine Lieferung von Rolladen.

Lieferant:	Wolf, guten Tag.
Kundin:	Guten Tag, ich beziehe mich auf Ihre Anzeige in der Zeitung und habe eine Frage.
Lieferant:	Bitte schön. Worum geht es?
Kundin:	Unsere Büros werden zur Zeit neu ausgestattet, und wir brauchen für die Fenster neue Rolladen.
Lieferant:	Geben Sie mir eben die Abmessungen der Fenster.
Kundin:	Ja, einmal: Breite 1,82 m mal Höhe 1,37 m. Und: 1,63 m breit mal 1,17 m hoch.

Lieferant:	Wieviele brauchen Sie?
Kundin:	Je 14 Stück.
Lieferant:	Und aus welchem Material, Aluminium oder Holz?
Kundin:	Alles aus Aluminium.
Lieferant:	Bis wann brauchen Sie die Rolladen?
Kundin:	Innerhalb von sechs Wochen, wenn's geht.
Lieferant:	Ja, das schaffen wir.
Kundin:	Und die Kosten?
Lieferant:	Ich kann Ihnen im Moment nur einen Kostenvoranschlag machen. Ich muß alles zuerst abmessen und dann einen festen Preis ausrechnen. Moment, ich gebe Ihnen einen Stückpreis und einen Gesamtpreis. Das sind aber unverbindliche Preise.
Kundin:	Können Sie morgen vorbeikommen?
Lieferant:	Ja, dann schicken wir Ihnen in den nächsten paar Tagen unser festes Angebot zu. Das wird von unserem Sachbearbeiter sofort gemacht.

Ausführung der
Brandschutztüren
in T-30 und T-90

seis + wölbert
Schlosserei
Metallbau
Fenster
Türen
Rolladen

Seis u. Wölbert GmbH · Schlosserei und Metallbau
Am Eichelgärtchen 12 · Industriegebiet · 5401 Halsenbach
Fernruf 06747/7595

2 You have to order some blinds on behalf of the company that you are working for in Germany.

Lieferantin:	Guten Tag. Kann ich Ihnen helfen?
Sie:	(Say yes. Your offices are being refurbished and you need new roller shutters.)
Lieferantin:	Haben Sie die genauen Abmessungen?
Sie:	(1.6 m wide by 1.35 m, and 1.85 m wide by 1.28 m.)
Lieferantin:	Wieviele brauchen Sie?
Sie:	(Say you need ten of each size.)
Lieferantin:	Welche Farbe?
Sie:	(Say you would like everything in grey.)
Lieferantin:	In Ordnung.
Sie:	(Say the blinds are needed as soon as possible.)
Lieferantin:	Wir können innerhalb von drei Wochen liefern. Geht das?
Sie:	(Say yes, that is fine. Ask for a price per blind.)
Lieferantin:	Moment mal. Das muß ich noch ausrechnen.

3 The written quotation sent in response to the enquiry in exercise 1 follows on page 28. In order to help a new colleague who does not understand it, you should translate it into English.

PREISANGEBOT

Sehr geehrte Herren,

wir danken Ihnen für Ihre Anfrage und bieten Ihnen wie
folgt an:

Gegenstand	Anzahl	Abmessungen	Stückpreis	Gesamtpreis
Rolladen	14	1,82 × 1,37	DM 801, 84	DM 11 225, 76
Rolladen	14	1,63 × 1,17	DM 775, 50	DM 10 857, 00

Liefertermin: Ende Oktober
Preise und Lieferung: Unsere Preise verstehen sich frei
Ihrer Fabrik inklusive Verpackung, Versicherung, Montage
und Mehrwertsteuer und gelten bis zum Ende dieses
Jahres.
Zahlung: 30 Tage nach Rechnungserhalt auf unser
Bankkonto.
Ansonsten gelten unsere Verkaufsbedingungen.

Wir hoffen auf eine weitere gute Zusammenarbeit und
verbleiben

Mit freundlichen Grüßen

Wichtige Ausdrücke

Preise
günstigst
Ihre besten
inklusive Kosten, Versicherung,
    Fracht
Preise verstehen sich:
frei an Bord
frei Ihrem Werk
ab Werk/Schiff/Kai
frachtfrei Dover
frei/franko Waggon
frei Längsseite Seeschiff

Liefertermin
so bald wie möglich
schnellstens
dringend
innerhalb von zwei Monaten

Lieferung
verpackt und verzollt
Lieferkosten gehen zu Ihren
    Lasten
Lieferkosten stellen wir Ihnen
    in Rechnung
nach Vereinbarung
nach Wahl

Zahlung
gegen Akkreditiv
gegen Rechnung
30 Tage netto Kasse
innerhalb von 60 Tagen
bei Erhalt der Ware

4 Rollenspiel

Person A: Die Firma, wo Sie arbeiten, hat vor, an einer Ausstellung teilzunehmen. Sie selbst müssen ein geeignetes Displaysystem finden. Sie haben die *Easy×l* Broschüre gelesen und rufen den Hersteller an, um weitere Informationen zu bekommen.

Person B: Sie arbeiten in der Verkaufsabteilung eines Display-Systemherstellers. Sie bekommen einen Anruf von einem Kunden. Fragen Sie nach den gewünschten Abmessungen und Verwendungszwecken, und geben Sie nähere Informationen über Liefer- und Zahlungsbedingungen.

Nützliche Ausdrücke

- das Display-System
- die Panele
- die Seitenpanele
- die Panele kann man miteinander verbinden
- 24 verschiedene Farben
- Ich interessiere mich für . . .
- Das ist ein sehr praktisches System.
- Welche Größe möchten Sie?
- Tischplatten usw kosten extra.

Die "rahmenlose" Displaywand
EASY XL – die besonders leichte und elegante Faltwand, die das Aufstellen Ihrer Präsentationen noch einfacher macht.

Durch die neue Rand-zu-Rand Beschichtung der einzelnen Panele kann die Gesamtfläche kreativ genutzt werden, da sie nicht durch störende Rahmenprofile oder Fugen unterbrochen wird.

Hochwertige Velourbeschichtung
Die exclusive, beidseitige Velourbeschichtung (24 Standardfarben) sieht nicht nur gut aus. Sie ist für die Verwendung von Velcro – Klettband geeignet mit dem Sie Graphiken, Fotos und sogar Produktemuster problemlos an jede Stelle der Displaywand anbringen können.

Formate der einzelnen Panele
700 × 1000 mm hochformat
600 ×   900 mm hochformat

Reichhaltiges Zubehör
Besondere Möglichkeiten eröffnen die neuen, gekrümmten- und flach transportablen – Seitenpanele um das Erscheinungsbild abzurunden oder mehrere Displays miteinander zu verbinden.

Verschiedene Größen, praktische Tragtaschen und reichhaltiges Zubehör aus dem Nimlok Programm – Tablare, Blenden, Tischplatten und Beleuchtung – machen EASY XL zu einem besonders zeitgemäßen Universaldisplay.

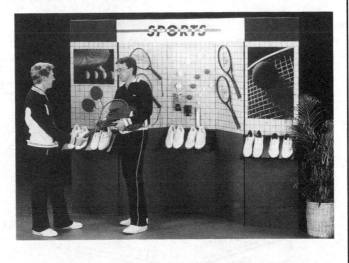

Bekommen wir eine Ermäßigung?

5 Ein neues Hotel wird gebaut, und für die Ausstattung müssen Minibar-Kühlschränke bestellt werden.

Kunde:	Können Sie mir ein Angebot für Minibar-Kühlschränke machen, und zwar für Ihr Modell Nr. 647?
Lieferant:	Ja, die kleineren also.
Kunde:	Die sind für das neue Hotel im Stadtzentrum. Was kosten die bitte?
Lieferant:	DM350 das Stück.
Kunde:	Bekommen wir eine Ermäßigung für größere Mengen?
Lieferant:	Für Aufträge bis 100 Stück bekommen Sie 2% Rabatt. Wieviel brauchen Sie denn?
Kunde:	Mindestens 100 Stück.
Lieferant:	Dafür bekommen sie 3%. Der Gesamtpreis wäre — Moment, ich muß das eben ausrechnen — DM350 mal 100 macht DM35 000, 97% davon DM33 950, inklusive Mehrwertsteuer.
Kunde:	Können Sie das schriftlich bestätigen?
Lieferant:	Ja gerne, geben Sie mir bitte Ihre Adresse.

6 Schicken Sie an eine Kundin ein Angebot über 100 Minibar-Kühlschränke. Geben Sie außerdem Ihre Liefer- und Zahlungsbedingungen.

7 Below are some expressions indicating reductions and bargains. Find the relevant English expression.

a) Discount for cash
b) Good service at very reasonable prices
c) Terrific value
d) Price reduction
e) Now up to 5% reduction for immediate payment
f) Up to 50% reduction
g) Closing down sale
h) Price reductions apply until 10 January
i) Prices slashed in special sale
j) Quality at exceptional prices

8 Schreiben Sie jetzt folgende Angebote auf deutsch.

a) We can offer you a reduction of 2%.
b) Our prices are reduced by up to 20%.
c) We can quote you 3.5% discount if you pay immediately.
d) Our prices are reduced until 30 September.
e) Our goods are all reduced in price.

9 Rollenspiel

Person A: Sie sind an der Vorbereitung einer internationalen Konferenz in Frankfurt beteiligt und rufen das Hotel „Französischer Hof" an, um nach Konferenzräumen und Preisen zu fragen. Teilen Sie Ihrem/Ihrer Gesprächspartner/in Einzelheiten mit (z.B. Datum, Anzahl der Teilnehmer, Staatsangehörigkeit der Teilnehmer, Getränkewünsche, Geräte, die Sie brauchen), und fragen Sie, ob eine Ermäßigung für eine bestimmte Anzahl von Gästen zu erwarten ist.

Person B: Beantworten Sie die Fragen des/der Ausstellungsveranstalter/in. Wenn er/sie mit Ihrem Preisangebot nicht zufrieden ist, könnten Sie eventuell einen neuen Preis vereinbaren.

Nützliche Ausdrücke
• Die Ausstellung soll im Mai stattfinden.
• Wir erwarten 120 Gäste.
• ein Vortragssaal
• ein Diaprojektor
• Außerdem werden wir . . . brauchen.
• ein Mikrophon
• ein Overheadprojektor
• ein Photokopiergerät
• Das muß ich mir nochmal überlegen.
• Ich sage Ihnen morgen Bescheid.

10 You are planning a trip in Germany with a group of friends, and receive a brochure from the Deutsche Bundesbahn. The text below is an extract from it. Your friends do not speak German. Answer the following questions.

a) How much reduction can we get?
b) How do you get the maximum reduction?
c) Can we travel on any train?
d) Can we travel any distance?
e) Is there a limit on the number of people per group?

So fahren Sie günstig Bahn . . .

. . . zum Einkaufen oder zum Spaß.

Gruppen ab 6 Personen

1. und 2. Klasse

Mit Ermäßigungen von 40 bis 65% laden wir Sie ein, als Gruppe mit der Bahn zu verreisen. Die Platzreservierung ist übrigens im Preis bereits enthalten.

Die Höhe der Ermäßigung hängt von Reisezeit und Gruppengröße ab. Besonders günstig fahren Sie in verkehrsarmen Zeiten oder in wenig genutzten Zügen. Dagegen bestehen für einige besonders stark frequentierte EC/IC- und FD-Züge zu bestimmten Zeiten Einschränkungen für Gruppen.

Für Entfernungen unter 50 km gibt es in Verbindung mit einer Gruppenkarte Zuschläge zum halben Preis für IR- FD- und D-Züge, ebenso können EC/IC-Züge zum halben Zuschlag benutzt werden.

Ein besonderer Vorteil sind die Extras, die es für Gruppen ab 16 Teilnehmern gibt: Je nach Größe der Gruppe reisen ein bzw. mehrere Erwachsene umsonst. Und noch etwas: Für Schülergruppenreisen gibt es spezielle Angebote.

Mit Pässen unterwegs zum halben Preis

Auch im Nahverkehr gelten die 50%-Ermäßigungen von Taschengeld- und Junior-Paß, der Senioren-Pässe A und B und des Familien-Passes. Besondere Regelungen gelten jedoch für die meisten Linien der regionalen Omnibusverkehrsgesellschaften und für Fahrten innerhalb von Verkehrs- und Tarifverbünden.

Wer diese Pässe bekommt, für wen sie günstig sind und was Sie damit alles sparen, finden Sie im Prospekt „Preise" ausführlich erklärt.

Flächen- und Raummaße

Wichtige Ausdrücke

Millimeter   Gramm   ein Viertelliter
Centimeter   Kilogramm
Meter   Tonne
Quadratmeter   ein halbes Liter
Kubikmeter
Hektar   anderthalb Liter

                                             zweieinhalb Liter

Der Container hat einen Inhalt
von 250 Kubikmetern.

Information

Wie wird das richtig geschrieben?

vierhundert	400
dreitausend	3000
16 Millionen	16 Mio.
30 Milliarden	30 Mrd.
90 Quadratmeter	90 m²
450 Kubikmeter	450 m³
150 Hektar	150 ha.
300 Kilogramm	300 kg

Vierzifferzahlen werden wie folgt geschrieben: 1189.
Zahlen mit mehr als vier Ziffern werden so geschrieben: 250 000.

11 Hörverständnis

Hören Sie sich die Kassette an, und schreiben Sie die Antworten auf.

a) Wie hoch ist die Anzahl Ihrer Beschäftigten?
b) Wieviel Einwohner hat dieses Dorf?
c) Wieviel Gewinn hat die Firma erzielt?

d) Wie groß ist dieses Grundstück?

e) Was wiegt diese Maschine?

f) Wieviel Benzin haben Sie getankt?

g) Der Container hat einen Inhalt von . . . ?

h) Wie groß ist dieser Karton?

i) Ist das Büro sehr klein?

Summary of language forms

1 Present passive

The active is the form of the verb used when the subject carries out the action, as in the following sentence: They are discussing the matter.

Sie diskutieren es.

Der Sachbearbeiter macht das.

The passive is the form of the verb used when the subject is affected by the action, as in the following sentence: It is being discussed by them.

Es wird von Ihnen diskutiert.

Das wird von dem Sachbearbeiter gemacht.

The passive is formed from *werden* and the past participle of the verb. Verbs which are followed by the accusative can normally be used passively.

Man baut das Hotel. (active)

Das Hotel wird gebaut. (passive)

Some verbs which are followed by the dative can be used passively if the passive subject is *es*, or there is no specific mention of a subject, and the dative case is obvious.

Es wird mir geholfen.

Mir wird geholfen.

The English word 'by' is translated by *von* if the agent is a person or living creature. *Durch* is often used if the agent is inanimate.

Die Preise werden vom Lieferanten ausgerechnet.

Der Brief wird durch die Post zugestellt.

See Chapter 6 for other tenses of verbs in the passive.

2 Superlative adjectives

The following general rules apply:

The superlative ending is *st-*.

klein   der, die, das klein*ste*

billig   der, die, das billig*ste*

Most monosyllabic adjectives and those adjectives which have the stress on the last syllable ending in *d, s, sch, st, t, tz, x, z,* take *est-* in the superlative.

    bekannt   der, die, das bekannt*este*

    neu   der, die, das neu*este*

Most monosyllables have an umlaut if the vowel is *a, o* or *u*.

    kurz   der, die, das kürzeste

    alt   der, die, das älteste

Adjectives preceding a noun take the normal adjective endings (see *Working with German Level 1,* pages 52–3). Those coming after a noun take the following form:

    Dieses Auto ist *am teuersten.*

    Diese Aufträge sind *am wichtigsten.*

Some irregular superlatives:

    groß   der, die, das größte

    gut   der, die, das beste

    nah   der, die, das nächste

    hoch   der, die, das höchste

    viel ⎫

           ⎬ der, die, das meiste

    viele ⎭

3 Comparative and superlative adverbs

These have the same forms as adjectives, but do not decline.

Some irregular forms:

    gern   lieber   am liebsten

    gut   besser   am besten

    viel/sehr   mehr   am meisten

    Wie komme ich *am besten* zum Bahnhof?

    Mein neues Auto fährt *schneller* als mein altes.

    Dieses Modell fährt *am schnellsten.*

Additional exercises

1 Put the following sentences into the passive.

    a) Die Firma Steiner baut dieses neue Hotel.

    b) Die Sachbearbeiterin unterbreitet Ihnen unser Angebot.

    c) Wir erwarten 20 Kisten.

    d) Mein Kollege bestätigt Ihren Auftrag morgen.

    e) Dieser Supermarkt braucht 25 Rolladen.

    f) Zuerst messen wir alles ab.

2 Give the comparative and superlative forms of the following adjectives.

a) klein   e) interessant
b) nahe   f) groß
c) neu   g) alt
d) gut

Put some of the comparative and superlative forms into sentences.

Kapitel 4

Wir möchten einen Auftrag erteilen

Etwas telefonisch oder schriftlich bestellen **Bitte schicken Sie uns Ihre Auftragsbestätigung**	Placing orders on the telephone or in writing: page 37 Dealing with confirmations of orders: page 43
Wichtige Ausdrücke	Expressions used on order forms: page 39 Terminology on confirmation of order: page 43
Summary of language forms	*Lassen* used as a modal verb ● *Erst* in time phrases

Etwas telefonisch oder schriftlich bestellen

1 Herr Seidel vom Sportgeschäft Bachmann und seine Lieferantin, Frau Fuchs, besprechen einen Auftrag.

Seidel: Guten Tag, ich möchte gern Frau Fuchs von der Verkaufsabteilung sprechen.

Telefonistin: Moment, ich verbinde.

Fuchs: Fuchs, guten Tag.

Seidel: Guten Tag, Frau Fuchs, hier Seidel vom Sportgeschäft Bachmann. Ich möchte bei Ihnen eine Bestellung aufgeben. Geht das telefonisch?

Fuchs: Sicher geht das. Die Bestellung können wir dann pcr Fax bestätigen. Was möchten Sie denn bestellen?

Seidel: Ich beziehe mich auf Ihre Offerte für Sportsocken und -schuhe.

Fuchs: Geben Sie mir bitte unsere Referenz.

Seidel:	EG/fm 2039.
Fuchs:	Augenblick bitte. Ich muß mal nachsehen. Bleiben Sie bitte am Apparat . . . Ja, jetzt habe ich die Unterlagen vor mir. Welche Mengen möchten Sie denn bestellen?
Seidel:	Zunächst die Schuhe: Größen 38, 40 und 42, je 20 Paar in blauweiß. Dann die Socken: mittelgroß und groß, jeweils 25 Paar in weiß. Kriegen wir denn Rabatt?
Fuchs:	Ja, in diesem Fall bekommen Sie 2%.
Seidel:	Wann können Sie denn liefern? Wir brauchen alles so schnell wie möglich.
Fuchs:	Die Socken haben wir vorrätig, also übermorgen. Die Schuhe lassen wir uns zum größten Teil von unserem anderen Depot zuschicken. Das schaffen wir erst nächste Woche. Ich gebe Ihnen morgen per Fax Bescheid.
Seidel:	In Ordnung. Ich bedanke mich.
Fuchs:	Nichts zu danken. Auf Wiederhören.

2 Imagine you are Herr Seidel. Report to your boss on the progress of the orders you have just placed. Try to use a variety of tenses.

Nützliche Ausdrücke
- Ich habe gerade mit. . . gesprochen.
- Ich habe. . . bestellt.
- ein Rabatt von. . .
- Sie können. . . liefern.

Wichtige Ausdrücke

Kaufhaus-Renk GmbH
Gögginger Straße 73–81
8900 Augsburg 1

Bestell-Nr   54806

Unser Zeichen	Ihr Zeichen	Ihre Nachricht vom	Telefon-Durchwahl
MÜ/se	Ang. 736	28.8.90	5700–229

Bestellmenge	Benennung	Größe	Preis je Einheit inkl. MwSt	Gesamtpreis
10	Mäntel, grün, Modell Frühling	42	DM 218, —	DM 2180, —

Zahlungsbedingungen: 30 Tage
Preisstellung: unserem Lagerhaus
Liefertermin: 17. k.w.
Warenannahme: Montag bis Freitag 7–15 Uhr
Bitte senden Sie die Bestellkopie als Auftragsbestätigung zurück.

Kaufhaus-Renk GmbH

Einkauf

(Bitte Bestell-Nr im Schriftverkehr angeben)

3 Look at the order form on page 39, and find the German equivalent of the following
expressions.

a) Total price   f) Number ordered
b) Payment condition   g) Delivery date
c) Description of goods   h) Confirmation of order
d) Size   i) Copy of order
e) Unit price

4 You work for a fashion wholesaler. On your desk you find a note from your boss
asking you to give her the gist of this letter from Germany.

Hamburger Modehaus
Am Deich 22
2000 Hamburg 1

Bamberger Bekleidungsfabrik GmbH
Hauptstraße 130   Hamburg
8600 Bamberg   8.7.90.

Bestell-Nr 1453

Unser Zeichen G/mr

Sehr geehrte Herren,

wir beziehen uns auf Ihr Angebot Ger/79 vom 28. Juni 90 und erteilen hiermit zu
unseren auf der Rückseite abgedruckten Bezugsbedingungen einen Auftrag über
folgende Waren,

Posten	Benennung	Artikel-Nr	Größe	Menge	Preis/Stück inkl. MwSt.	Gesamtbetrag
1	Herren-Jacken braun	395	42, 44, 46	je 10	DM 257,75	7 732,50
2	Damenhosen schwarz	42	36, 38, 40	je 4	DM 125,—	1 500,—
3	Herrenhemden grün kariert	578	44, 46, 48	je 25	DM 77,50	5 812,50
4	Krawatten blau/rot	53		20	DM 18,35	367,—
	weiß/gelb	54			DM 18,35	367,—
						15 779,—

Zahlungsbedingungen: 30 Tage nach Erhalt Ihrer Rechnung
Preisstellung: ab Lager London
Liefertermin: möglichst schnell, spätestens aber Ende der 36 K.W.

Außerdem möchten wir Sie darauf hinweisen, daß wir für Posten 3 und 4
einen Rabatt von 3 Prozent erwarten.

Falls die von uns erwünschten Größen bzw. Farben nicht vorrätig sind, bitten wir Sie, uns dies sofort mitzuteilen, damit wir dafür eine andere Bezugsquelle finden können.

Waren, die ihren Ursprung nicht in der EG haben, müssen auf dem Lieferschein und der Rechnung deutlich gekennzeichnet werden.

Wir bitten höflichst um eine Auftragsbestätigung und verbleiben

Mit freundlichen Grüßen

Baumann   Witsch

5 Listen to the three conversations on the cassette, and for each conversation make a note of the following details:

total price   reference number
any discount   any special conditions.
goods ordered

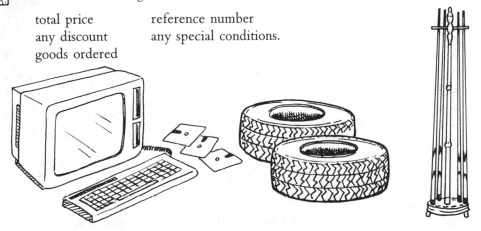

6 Your boss and a potential supplier are holding a conversation. As neither speaks the other's language, you are acting as interpreter. Complete the following conversation.

Ihr Chef:	No, that's too expensive.
Sie:	_____
Lieferantin:	Das ist mein günstigstes Angebot.
Sie:	_____
Chef:	I had hoped for a better discount. We place orders regularly and always pay promptly.
Sie	_____
Lieferantin:	Gut, weil Sie ein guter Kunde sind, geben wir Ihnen 2% Rabatt.
Sie	_____
Chef:	OK, that's fine. Ask when they can deliver.
Sie	_____

Lieferantin:	Die erste Lieferung des Auftrags innerhalb von drei Wochen, die zweite Lieferung Anfang September.
Sie:	_____
Chef:	Why not until September?
Sie:	_____
Lieferantin:	Wegen der Betriebsferien vom 30. Juli bis zum 12. August.
Sie:	_____
Chef:	Good. Tell them we'll send our order by fax this afternoon.
Sie:	_____
Lieferantin:	Unsere Verkaufsbedingungen haben Sie schon, oder?
Sie:	_____
Chef:	Yes, everything's clear.
Sie:	_____

Nützliche Wörter

- teuer
- der Rabatt/der Skonto
- regelmäßig
- prima
- liefern
- hoffen auf (acc)
- pünktlich
- heute nachmittag

7 Sie arbeiten in einem Büro in Deutschland und finden auf Ihrem Schreibtisch einen Zettel von Ihrer Chefin mit der Bitte, einige Schreibmaterialien zu bestellen. Da die Sache eilig ist, müssen Sie die Waren zunächst telefonisch, danach per Telex oder Telefax bestellen. Überlegen Sie, wie Sie sich telefonisch und dann schriftlich ausdrücken werden.

Bitte bestellen Sie folgendes:
100 Bleistifte
Kugelschreiber blau u. rot,
je 400 Stück
50 Radiergummis
1000 weiße Umschläge
Lieferung – übermorgen
in unserem Büro

Bitte schicken Sie uns Ihre Auftragsbestätigung

8

> 8 5 103–0 JBAU M
> 7 9 429 MACO M
> FS 746 10.8.90
> Z.HD. HERRN BAUER
>
> DANKEN BESTENS FUER IHREN AUFTRAG 403,
> AUFTRAGSBESTAETIGUNG FOLGT IN WENIGEN TAGEN.
>
> MFG
> SCHMIDT
> MANN-COMPUTER GMBH

9

> Sehr geehrte Herren,
>
> wir danken Ihnen für Ihren Auftrag über Schreibautomaten und bestätigen hiermit, daß wir gemäß unserer allgemeinen Vekaufsbedingungen liefern können:
>
> 20 Schreibautomaten Modell X2AL zu einem Preis von DM 1054,—/Stück inkl. MwSt. und Verpackung.
>
> Liefertermin: 11. bis 20. K.W.
> Lieferung: frei Ihrer Lübecker Fabrik
> Zahlung: Innerhalb 90 Tage
> Wegen näherer Einzelheiten setzen wir uns mit Ihnen wieder in Verbindung. In der Zwischenzeit empfehlen wir uns Ihnen und verbleiben
>
> Mit freundlichen Grüßen

Wichtige Ausdrücke

Für Ihren Auftrag vom 4.5. danken wir Ihnen.
Wir bestätigen hiermit den Erhalt Ihrer Bestellung vom 7.6.
Ihren am Telefon erteilten Auftrag möchten wir hiermit bestätigen.
Wir beziehen uns auf Ihre Bestell-Nr. 4168, und bestätigen hiermit, daß wir in der Lage sind, diesen Auftrag sofort zu erfüllen.

10   Read the following conditions regarding the confirmation of orders.

Auftragsbestätigung: Jeder Auftrag muß sofort, jedoch spätestens nach 8 Tagen schriftlich bestätigt werden. Weicht die Auftragsbestätigung von unseren Einkaufsbedingungen ab, so gelten bei Ausführung des Auftrages unsere Bedingungen.

a)   When and how must the supplier provide a confirmation?
b)   What happens in the case of a discrepancy between the customer's purchase conditions and the supplier's confirmation of order?

Bitte geben Sie in allen Schriftstücken und Versandpapieren unsere Bestell-Nr. unbedingt an. Als Auftragsbestätigung nur beiliegende Zweitschrift verwenden.

c)   What instructions are given regarding the order number?
d)   What instructions are given regarding the confirmation of order?

11   Hörverständnis

Ein Auftrag wird telefonisch erteilt. Notieren Sie zuerst die Einzelheiten, dann schreiben Sie eine passende Auftragsbestätigung. Unbekannte Wörter können Sie im Wörterbuch nachschlagen.

Summary of language forms

1   *Lassen* used as a modal verb
When used as a modal verb, *lassen* often means 'to have something done'.
   Wir lassen uns die Schuhe zuschicken.
   Ich lasse mir die Haare schneiden.
   Wir lassen unser Auto reparieren.

2   *Erst* in time phrases
Erst as an adverb has the meaning of 'not until' and does not change in form. It can be placed before or after the time phrase to which it relates.
   Das schaffen wir erst nächste Woche.
   Das haben wir erst letzte Woche geschafft.
   Das schaffen wir erst am 16. Juni.

Note also that *erst* can be used to mean 'only' in time phrases.
   Ich lerne erst seit ein paar Wochen Deutsch.
Erst should not be confused with the ordinal number *der, die, das erste.*

Additional exercise

1 Put the following sentences into German.

a) We are not coming until next week.
b) I did not receive your letter until 10 December.
c) I have only been working here for two weeks.
d) We cannot send our confirmation of order until next week.
e) You will not hear from us until 18.00.
f) How long have you been learning English?
Only for a few weeks.
g) The post is not normally delivered until 10.00 in the morning.
h) I am not having the books delivered until next month.
i) Have you been waiting long?
No, only five minutes.
j) Your order did not arrive until 8 March.
k) I am not having the tyres delivered until next week.

Kapitel 5

Beförderungsmittel und Liefertermine

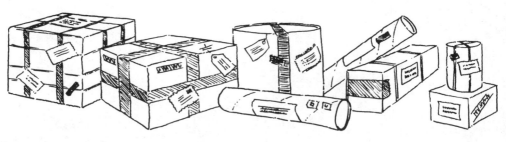

Wie sollen wir die Waren transportieren?

Wichtige Ausdrücke

mit der Bahn
per Lkw (Lastkraftwagen)
per Luftpost
mit dem Schiff
per Post
als Luftfracht
als Bahnfracht
per Kurier
mit dem Boten

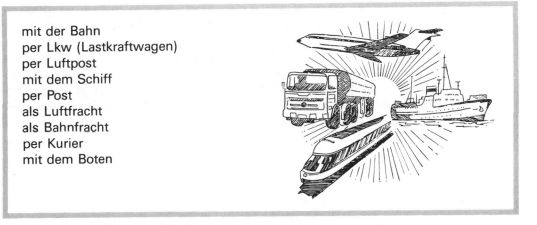

1   The following notes were taken from a list of general instructions at a freight forwarding company.

Waren, **die** sehr schwer oder sehr groß sind, transportieren wir per Lkw. Waren, **die** eilig gebraucht werden, schicken wir manchmal als Luftfracht. Die Güter, **die** wir nach Großbritannien schicken, liefern wir normalerweise per Schiff (als Seefracht).

The words in bold print are relative pronouns (which, who or that) introducing relative clauses, which give information about a person or thing already mentioned.

2   Now translate the following sentences into German.

a) The customer who is speaking on the telephone wishes to place an order.
b) Customers who order less than 20 items do not receive discount.
c) The goods which we are sending to you as air freight will arrive next week.
d) We are sending the goods which you require urgently as air freight.

Nützliche Ausdrücke

- am Telefon sprechen
- einen Auftrag erteilen
- bestellen
- das Stück
- die Ermäßigung
- bekommen

- ankommen
- nächste Woche
- schicken
- dringend
- benötigen

3 You find the following article on transport within Germany in a magazine.

Der deutsche Güterverkehr — zu Lande, zu Wasser, in der Luft

Die Bundesrepublik liegt im Herzen Europas und hat ein Verkehrsnetz, das für Deutschland selbst, für die EG–Länder und auch für die anderen Nachbarländer von großer Bedeutung ist. Das Land verfügt über eins der intensivsten Verkehrssysteme der Welt mit Tausenden von Kilometern Bahnstrecken, Autobahnen und Kanälen sowie wichtigen See– und Binnenhäfen. Für Deutschland sind dies Lebensadern, die die wirtschaftlichen Verbindungen zu den europäischen Nachbarn und den Ländern in Übersee aufrechterhalten. Ohne Straßen, Schienen und Luftverkehr können keine Industrienation existieren. Allein das Straßennetz in der Bundesrepublik entspricht mit einer Länge von 230 000 Kilometern dem Fünffachen des Erdumfangs. Im Unterschied zu Großbritannien wird auch ein großer Teil der Güter auf dem Wasser transportiert.

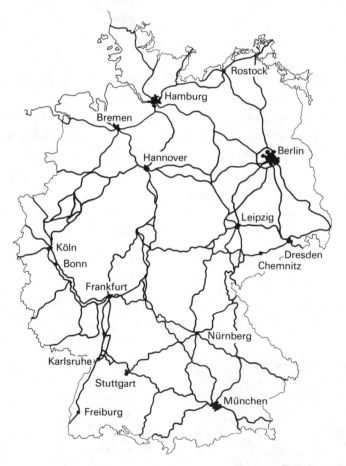

Das deutsche Autobahnnetz

Answer the following questions:

a) For whom is the German traffic network important besides Germany itself?
b) What are the main components of Germany's traffic network?
c) Why is the traffic network so important for Germany?
d) Why are the waterways in Germany of great importance?
e) How does the article justify the vast traffic network?

Information

Versanddokumente:

Egal, ob die Beförderung der Waren per Spedition oder per firmeneigenen Transportmitteln erfolgt, für beides werden viele Dokumente benötigt, zum Beispiel Proforma-Rechnung, Verpackungsliste, Ursprungszeugnis, Frachtliste, Luftfrachtbrief, Seefrachtbrief, Verschiffungsanweisungen, Konnossement.

Gefährliche Produkte:

Wenn es sich um ein gefährliches Produkt handelt, muß man ein „Unfallblatt für Straßentransport" (*Transport Emergency Card*) ausfüllen. Auf diesem Formular muß man genaue Angaben über das Produkt machen, zum Beispiel über die chemische Zusammensetzung, gefährliche Eigenschaften, ob fest oder flüssig, Notmaßnahmen und Erste Hilfe-Behandlungen. Falls unterwegs ein Unfall passiert, wissen Feuerwehr, Polizei und Unfalldienst dann sofort Bescheid.

UNFALLMERKBLATT FÜR STRASSENTRANSPORT

ADR/GGVS Klasse 3
Ziffer 31 c

UN-No.
1993

Ladung:

Brennbare Flüssigkeiten
von geringer Giftigkeit, Flammpunkt zwischen 21 – 55°C
(Produktnamen umseitig)

Eigenschaften des Ladegutes:

Farbige emulgierbare Konzentrate mit meist wahrnehmbarem Geruch

Gefahren:

Entzündbar (Flammpunkt 21 – 55°C)
Flüssigkeit oder Dämpfe können Reizung von Augen, Haut oder Atemwege hervorrufen

Schutzausrüstung:

Dichtschließende Schutzbrille
Handschuhe aus Kunststoff oder Gummi
Augenspülflasche mit reinem Wasser

NOTMASSNAHMEN   Sofort Feuerwehr und Polizei benachrichtigen

- Motor abstellen
- Zündquellen fernhalten (z. B. kein offenes Feuer), Rauchverbot
- Straße sichern und andere Straßenbenutzer warnen
- Unbefugte fernhalten
- Auf windzugewandter Seite bleiben

Leck

- Wenn möglich, Undichtigkeiten beseitigen
- Ausgelaufene Flüssigkeit mit Erde oder anderen geeigneten Saugstoffen aufsaugen und an einen sicheren Ort bringen – Fachmann hinzuziehen
- Eindringen der Flüssigkeit in Kanalisation, Keller oder Gruben verhindern
- Falls Produkt in Gewässer oder Kanalisation gelangte oder Erdboden oder Pflanzen verunreinigt sind, Feuerwehr oder Polizei informieren

Feuer

- Bei Feuer können giftige Dämpfe entstehen – Atemgerät tragen
- Bei Feuereinwirkung Behälter mit Wassersprühstrahl kühl halten
- Vorzugsweise mit Löschpulver, Schaum oder Wasser löschen
- Niemals scharfen Wasserstrahl verwenden

Erste Hilfe

- Falls Produkt in die Augen gelangte, sofort mehrere Minuten lang mit Wasser spülen
- Durchnäßte Kleidungstücke sofort ausziehen und betroffene Haut mit Seife und Wasser waschen
- Ärztliche Hilfe erforderlich bei Symptomen, die offentsichtlich auf Einatmen oder Einwirkung auf Haut oder Augen zurückzuführen sind

Zusätzliche Hinweise sind durch telefonische Rückfrage erhältlich: Tel. (069) 5801-418

Alle Universitätskliniken, Krankenhäuser und Ärzte sind im Besitz des Buches „Wirkstoffe in Pflanzenschutz- und Schädlingsbekämpfungsmitteln, Physikalisch-chemische und toxikologische Daten", herausgegeben vom Industrieverband Pflanzenschutz e. V. Hierin sind alle wichtigen Hinweise für den Fall einer Vergiftung sowie die erforderlichen Gegenmaßnahmen enthalten.

Für den Inhalt verantwortlich: DEUTSCHE ICI GMBH
Agrar-Abteilung
Emil-von-Behring-Str. 2
6000 Frankfurt/Main 50
Telefon: (069) 5801-416

Für den Notfall:
Telefon: (01 30) 77 17

Und wann können Sie liefern?

Wichtige Ausdrücke

morgen	zweimal pro Woche
übermorgen	wann Sie wollen
nächste Woche	zu jeder Zeit
jeden Tag	am 14. März
erst nächsten Monat	im Oktober
binnen acht Tagen	Anfang/Ende Mai
innerhalb von acht Tagen	heute in acht Tagen
alle zwei Wochen	

4 Hörverständnis

Hören Sie sich die Kassette an, und notieren Sie auf englisch die verschiedenen Liefertermine.

ACHTUNG!

Liefertermin ist Eingangstermin

5 Rollenspiel

Person A (Kunde/Kundin): Sie besprechen mit Ihrem/Ihrer Lieferanten/ Lieferantin, wann er/sie die Waren, die Sie dringend brauchen, liefern kann.

Person B (Lieferant/in): Sie müssen mit Ihrem/Ihrer Kunden/Kundin einen Liefertermin vereinbaren. Das scheint nicht besonders einfach zu sein, weil der/die Kunde/ Kundin die Waren dringend braucht und ungeduldig wird. Versuchen Sie, einen Kompromiß zu schließen.

Nützliche Ausdrücke
- möglichst schnell
- Die brauchen wir unbedingt bis. . .
- unser allerbestes tun
- Ja, aber Herr/Frau. . .
- Es tut mir leid, aber. . .
- Hören Sie, Herr/Frau. . .
- Ich bestehe darauf, daß. . .

Wo muß das angeliefert werden?

Wichtige Ausdrücke

Die Waren sind	unserem Lagerhaus unserer Fabrik unserem Werk, Gebäude 2 Herrn Schmidts Büro unserem Wareneingang unserem Empfang der Firma Möller unseren Kunden in Bristol	anzuliefern.

6 Eine Telefonistin gibt Auskunft, wie die Firma Stephenson Imports zu erreichen ist.

Fahrer: Guten Tag. Hier Altmann von der Spedition Braun. Können Sie mir bitte beschreiben, wie ich Ihre Firma erreiche. Ich stehe auf der A20 zwischen Bearstead und Maidstone. Wo Sie sich befinden, weiß ich aber nicht genau.

Telefonistin: Wenn Sie in Richtung Maidstone fahren, finden Sie uns auf der linken Seite. . . Ja, etwa 200 Meter nach dem großen Kreisverkehr sehen Sie unser Schild und die Einfahrt. . . OK, fahren Sie die Auffahrt hinunter und an den Büros vorbei, bis Sie zum Parkplatz kommen. . . Melden Sie sich zuerst beim Empfang. Dort sagt man Ihnen dann, wo Sie Ihre Papiere vorzeigen müssen, und wie Sie zur Lagerhalle und zur Brückenwaage kommen.

Fahrer: Jetzt weiß ich Bescheid. Ich danke Ihnen.

Telefonistin: Nichts zu danken. Wenn sie noch Schwierigkeiten haben sollten, fragen Sie nach dem *Newlands Industrial Estate*.

7 Ihre Firma exportiert Waren in alle europäischen Länder. Der deutsche Spediteur ruft Sie an, um zu sagen, daß er später am Tag eine Lieferung abholt. Beschreiben Sie dem Spediteur anhand des folgenden Plans, wie er zum 'Warenausgang' kommt.

8 Sie bekommen einen Anruf von einem/einer Fahrer/in, der/die auf dem Weg zu Ihrer Firma unterwegs ist. Beschreiben Sie ihm/ihr, wie er/sie von einer bestimmten Stelle Ihre Firma/Ihr Büro/Ihren Arbeitsplatz am besten erreicht.

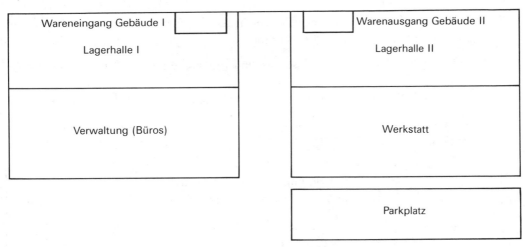

Wareneingang Gebäude I				Warenausgang Gebäude II
Lagerhalle I				Lagerhalle II
Verwaltung (Büros)				Werkstatt
				Parkplatz

Wir empfehlen Ihnen folgende Verpackung

Wichtige Ausdrücke

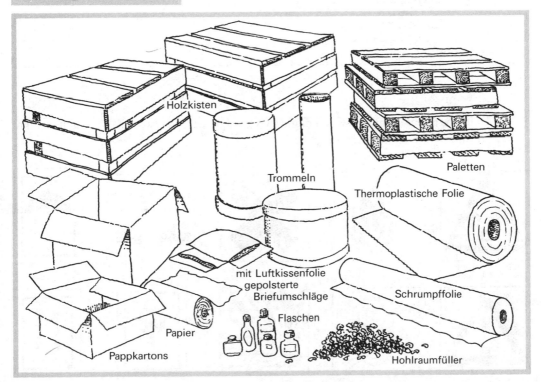

Holzkisten

Paletten

Trommeln

Thermoplastische Folie

mit Luftkissenfolie gepolsterte Briefumschläge

Schrumpffolie

Flaschen

Papier

Pappkartons

Hohlraumfüller

9 Erzählen Sie einem/einer Partner/in, wie die Erzeugnisse der Firma, wo Sie arbeiten, oder andere Produkte verpackt werden.

Beispiel   Unsere Mikrochips müssen wir in antistatische Plastikröhren, Luftkissenfolie und dann Kartons verpacken.
Die Bücher müssen wir in thermoplastische Folie auf Paletten verpacken.

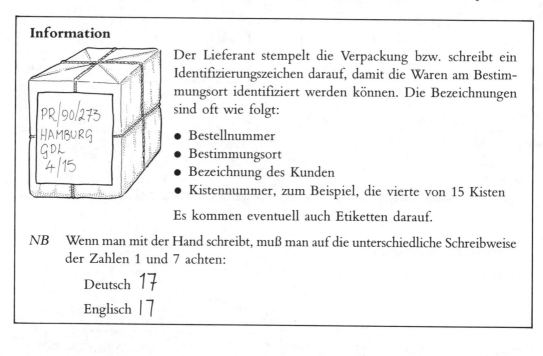

Information

Der Lieferant stempelt die Verpackung bzw. schreibt ein Identifizierungszeichen darauf, damit die Waren am Bestimmungsort identifiziert werden können. Die Bezeichnungen sind oft wie folgt:

- Bestellnummer
- Bestimmungsort
- Bezeichnung des Kunden
- Kistennummer, zum Beispiel, die vierte von 15 Kisten

Es kommen eventuell auch Etiketten darauf.

NB   Wenn man mit der Hand schreibt, muß man auf die unterschiedliche Schreibweise der Zahlen 1 und 7 achten:

Deutsch   17

Englisch   17

10 Below are some symbols which might be found on packing cases. Match each of them to one of the expressions on page 55.

a) vor Nässe schützen
b) hier oben
c) zerbrechlich
d) giftig
e) leicht entzündlich

f) Vorsicht!
g) radioaktiv
h) ätzend
i) explosionsgefährlich/explosiv
j) reizend

11 A colleague has asked you to look into methods of making your company more environmentally friendly. The following text reports on collapsible and reusable containers which have recently won an award from the Federal Ministry for the Environment. Summarise the article for your colleague.

Auch für gutes Design ausgezeichnet:

Umweltpreis für Collico

Collico-Verpackungen, zusammenlegbare und stets wieder-verwendbare Leichtmetallbehälter, haben den ersten Preis in einem vom Bundesumweltminister geförderten Wettbewerb „Gutes Design umweltfreundlicher Produkte" erhalten.

Teilnehmen konnten nur Erzeugnisse, denen bereits das blaue Umweltzeichen verliehen worden war oder die als Recycling-Produkte besonders lärmarm, schadstoffarm oder schadstofffrei sind.

Die Collico-Behälter stehen in unterschiedlichen Größen zur Verfügung und eignen sich für den Transport kleinerer Ladeeinheiten von Erzeugnissen der Pharmaindustrie, über Glas und Porzellan bis zu Maschinen und elektronischen Geräten. Gegenwärtig sind rund 85 000 dieser Faltbehälter im Einsatz.

Mehr als zwanzig Vorteile sprechen für ihre Benutzung gegenüber Einwegverpackungen. So läßt die Bahn das Eigengewicht bei der Frachtberechnung unberücksichtigt und transportiert leere Collico kostenlos zurück. Die Behälter ersetzen in ihrer mehrjährigen Einsatzzeit bei der häufigen Benutzung eine Halde von Verpackungsmüll, gleichzeitig sind sie selbst voll recyclingfähig.

Die Waren können wir nicht annehmen

Wichtige Ausdrücke

Sie haben uns zwei Tonnen	zu viel zu wenig	geliefert.

Es fehlen noch zwei Paletten.
Es fehlt noch eine Kiste.

Die Farbe Die Qualität Die Größe Die Mengen Die Abmessungen Die Werkstoffe	entspricht entsprechen	unserem Auftrag unserer Zeichnung unserem Muster unseren Probestücken unserer Skizze dem Angebot	nicht.

12 Sagen Sie Ihrem Lieferanten (Partner/in), warum Sie Ihre Waren nicht annehmen können.

   Beispiel   ● Die Waren, die Sie gestern geliefert haben, können wir nicht annehmen.
   ■ Warum nicht?
   ● Die Abmessungen entsprechen unserer Zeichnung nicht.

Machen Sie kurze Dialoge.

13 Eine Lieferantin, Frau Bosch, und einer ihrer Kunden, Herr Hüber, besprechen eine
 Teillieferung.

Kunde:	Schweizerische Importgesellschaft, Hüber.
Lieferantin:	Bosch, guten Tag, Herr Hüber. Ich beziehe mich auf Ihren Auftrag, Referenz 4074/90. Eine unserer Maschinen war in den letzten paar Tagen außer Betrieb. Wir bedauern es sehr, aber im Moment sind leider erst sechshundert Teile anstatt tausend fertig. Diese können wir morgen oder übermorgen liefern, aber die restlichen vierhundert bekommen Sie frühstens in zwei Wochen.
Kunde:	Ich muß mal nachfragen. Diesen Auftrag liefern wir an unseren eigenen Kunden in Großbritannien weiter. Eine unvollständige Lieferung nützt ihm wahrscheinlich nicht. Es könnte sein, daß wir diesen Auftrag stornieren müssen. Ich setze mich mit dem Kunden in Verbindung und komme später zu Ihnen zurück.

14 Rollenspiel

Person A: Sie müssen im Auftrag von Herrn Hüber seinen/seine Kunden/Kundin in Großbritannien anrufen und erklären, warum Sie nicht pünktlich liefern können.

Person B: Als Kunde/Kundin sind Sie verärgert, daß nicht alle Teile fertig sind. Sie können nur noch eine Woche warten. Wenn es länger dauert, müssen Sie den Auftrag stornieren.

Nützliche Ausdrücke
● Das ist aber ärgerlich.
● Das nützt mir überhaupt nicht.
● unbedingt innerhalb von einer Woche

Verzögerungen

Wichtige Ausdrücke

Bitte teilen Sie uns den Grund für die Verzögerung mit.
Es tut uns leid, aber
    wir konnten wegen des Hafenarbeiterstreikes nicht früher liefern.
    unsere Lieferabteilung hat nicht genug Personal.
    wir sind im Moment sehr beschäftigt.
    wir hatten bis letzte Woche Betriebsferien.
    die Betriebsanlage wird überholt/repariert.
    eine unserer Maschinen ist kaputt/außer Betrieb/funktioniert nicht.
    wir haben Probleme mit dem Computer.
    die Unterlagen sind leider verloren gegangen.
    die Akte finde ich im Moment nicht.
    unser Sub-Lieferant hat einige Bestandteile noch nicht geliefert.
    die Verzögerung ist auf die Zollabfertigung/Rohstoffknappheit zurückzuführen.

Ich muß mal nachfragen.
Ich muß die Sache untersuchen.

15 a) Sie sind Uhrengroßhändler/in und warten seit zwei Wochen auf eine Lieferung von Armbanduhren von einer Firma in der Schweiz. Diese werden für Weihnachten dringend benötigt. Schicken Sie Ihrem/Ihrer Lieferanten/Lieferantin ein Fernschreiben, in dem Sie eine Erklärung für die Verzögerung verlangen.

    b) Sie sind der/die schweizerische Lieferant/in. Erklären Sie Ihrem/Ihrer Kunden/Kundin per Fernschreiben, warum die Lieferung zu spät kommt, und ob die Waren schon unterwegs sind.

Nützliche Ausdrücke
- zwei Wochen überfällig
- Ich bitte um eine Erklärung.
- sofort mitteilen
- die Uhren abschicken
- bei Ihnen eintreffen
- sich entschuldigen

16 ## Hörverständnis

Hören Sie sich die Kassette an, und notieren Sie, warum es nicht möglich war, die Aufträge pünktlich auszuführen.

17 Below are some reasons why a company may refuse to unload or accept a consignment of goods. Match each of the reasons to its German equivalent.

a) wrong model
b) incomplete order
c) delivered too early/late
d) some goods missing
e) wrong colour
f) health and safety regulations contravened

g) damaged goods
h) certificate of origin not in order
i) protracted delivery
j) poor quality
k) goods too large

Die Waren können wir nicht entladen,
    weil die Ladung den Gesundheits- und Sicherheitsvorschriften widerspricht.
    weil die Waren zu früh/spät geliefert worden sind.

Die Waren können wir nicht annehmen,
    weil sie beschädigt sind.
    weil die Bestellung unvollständig ist.
    weil ein Teil der Waren fehlt.
    weil sie von schlechter Qualität sind.
    weil das die falsche Farbe ist.
    weil sie zu groß sind.
    weil das Ursprungszeugnis/die Herkunftsbescheinigung nicht in Ordnung ist.
    weil Sie uns das falsche Modell geliefert haben.
    weil es sich um eine verspätete Lieferung handelt.

18 Machen Sie mit einem/einer Partner/in Dialoge. Verwenden Sie die unten stehenden Abbildungen und Ausdrücke.

19 Hörverständnis

Hören Sie sich die Kassette an, und notieren Sie die Gründe für die Beschwerde.

Summary of language forms

---

1 Relative clauses

These are introduced by relative pronouns, and give information about a person or thing.

Der Fahrer, *der* nach Salzburg fährt, transportiert Nahrungsmittel.   (nominative)

Der Fahrer, *den* Sie im Lkw sehen, transportiert Möbel.   (accusative)

Der Fahrer, *dessen* Namen ich vergessen habe, transportiert Autos.   (genitive)

Der Fahrer, *dem* Sie diesen Lieferschein geben müssen, transportiert Güter aller Art.   (dative)

Der Lkw-Fahrer, mit *dem* ich spreche, transportiert Güter in die Schweiz.   (dative after *mit*)

Note the following:

Der Kugelschreiber, *mit dem* ich schreibe, habe ich von meiner Kollegin bekommen.

Der Kugelschreiber, *womit* ich schreibe, habe ich von meiner Kollegin bekommen.

The second example is a colloquial alternative to a preposition followed by the relative pronoun. This construction is usually restricted to relative clauses referring to things not people. Note that where the preposition begins with a vowel, it must be preceded by the letter *r*: *worauf, worin, woran* etc.

Table of relative pronouns

	Masculine	*Feminine*	*Neuter*	*Plural*
Nominative	der	die	das	die
Accusative	den	die	das	die
Genitive	dessen	deren	dessen	deren
Dative	dem	der	dem	denen

2 Phrases of time

Phrases of indefinite time are often expressed in the genitive.

Das müssen wir *eines Tages* machen.

Phrases of definite time are often expressed in the accusative.

Die Waren können wir *nächsten Monat* liefern.

3 Subordinate clauses

When a sentence begins with a subordinate clause, the verb in the following main clause stands in first position.

Wenn Sie Richtung London fahren, *finden* Sie uns auf der linken Seite.

Obwohl ich keinen Stadtplan habe, *kann* ich den Weg finden.

Some common subordinating conjunctions: *wenn, als, ehe/bevor, nachdem, obwohl/obgleich, da, daß, damit, indem, während.*

Additional exercises

1 Add the correct relative pronoun to the following sentences.

a) Der Sachbearbeiter, _____ im nächsten Zimmer arbeitet, heißt Herr Jakobi.

b) Der Artikel, _____ Sie im Moment lesen, stand in der *Frankfurter Allgemeinen.*

c) Die Dame, mit _____ Sie gesprochen haben, ist unsere Verkaufsleiterin.

d) Die Geschäftsführerin dieser Firma, _____ Namen ich vergessen habe, kommt morgen zu Besuch.

e) Die Herren, mit _____ wir ins Restaurant gehen, interessieren sich sehr für unsere Produkte.

f) Das Zimmer, in _____ wir arbeiten, ist sehr gut ausgestattet.

g) Die Lieferbedingungen, _____ Sie gestern erwähnt haben, können wir leider nicht annehmen.

h) Die Quantität, _____ Sie bestellt haben, können wir nächste Woche liefern.

2 Add a suitable conjunction to the following sentences.

a) _____ die Hafenarbeiter streiken, können wir nicht pünktlich liefern.

b) _____ wir die Waren überprüft haben, werden wir sie akzeptieren.

c) _____ Sie bis nächste Woche nicht geliefert haben, müssen wir den Auftrag stornieren.

d) _____ unterwegs ein Unfall passiert, muß man ein Unfallblatt für Straßentransport bei sich haben.

e) _____ die Papiere nicht in Ordnung sind, können wir die Waren nicht annehmen.

f) _____ diese Waren geliefert werden, müssen wir alles genau überprüfen.

g) _____ der Spediteur ankam, war der Wareneingang schon zu.

Kapitel 6

Zahlungsmittel

Wie steht der Wechselkurs?

Wichtige Ausdrücke

der amerikanische Dollar ($)
die deutsche Mark (DM)
der französische Franc (F)
das englische Pfund (das Pfund Sterling) (£St)
der schweizerische Franken (sFr)
die italienische Lira (Lit)
die spanische Peseta (Ptas)

die dänische Krone (dkr)
der österreichische Schilling (öS)
der belgische Franc (bfr)
der holländische Gulden (hfl)
die griechische Drachme (Dr)
das irische Pfund (Ir£)
der portugesische Eskudo (Esc)

1 Lesen Sie folgende Wechselkurse. Sagen Sie dann, ob die Kurse für folgende Länder am nächsten Tag gefallen oder gestiegen sind.

a) England   d) Schweden
b) die Schweiz   e) Belgien
c) Österreich

SORTEN

		ANKAUF 10.9.90 DM	ANKAUF 11.9.90 DM
BELGIEN	100 BFR	4,73	4,80
DÄNEMARK	100 DKR	25,30	24,90
ENGLAND	1 £	2,77	2,83
FRANKREICH	100 FF	28,90	28,50
NIEDERLANDE	100 HFL	87,80	88,10
NORWEGEN	100 NKR	25,05	24,85
ÖSTERREICH	100 ÖS	14,10	13,95
SCHWEDEN	100 SKR	26,65	27,05
SCHWEIZ	100 SFR	116,80	117,70
USA	1 $	1,63	1,73

WEITERE WÄHRUNGEN AM SCHALTER

Wichtige Ausdrücke

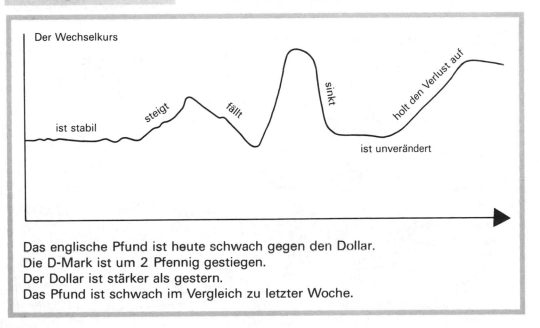

Der Wechselkurs

ist stabil — steigt — fällt — sinkt — holt den Verlust auf — ist unverändert

Das englische Pfund ist heute schwach gegen den Dollar.
Die D-Mark ist um 2 Pfennig gestiegen.
Der Dollar ist stärker als gestern.
Das Pfund ist schwach im Vergleich zu letzter Woche.

2 Hörverständnis

Listen to the cassette, and for each conversation, note down the rate of exchange and
the total amount received by the customer.

3 Rollenspiel

Sie wollen auf der Bank Geld umtauschen.
Machen Sie einen Dialog mit Ihrem/Ihrer
Partner/in, der/die die Rolle des
Bankangestellten übernimmt.

```
            DEUTSCHE
    VERKEHRS-KREDIT-BANK
          KÖLN HBF

   02/15    063        22.08.90
   ------------------------------
                          10.22
          ENGLAND          ANKAUF
   E-PD TC                  20,00
   KURS/TC                3,02300
   = DM                    60,50
   TC-GEB.                  2,00
   TOTAL DM                58,50
```

4 One of your colleagues will be attending an international conference where one of the lectures will deal with the European Currency Unit. Explain briefly what the text below says about it.

ECU — Europas Währung

Ein öffentlicher Haushalt setzt sich aus Einnahmen und Ausgaben zusammen. Welche Währungsbezeichnung liegt dem Haushalt der EG zugrunde?

Man kann dafür nicht einfach eine der Währungen der Mitgliedsländer nehmen und die Beträge dann umrechnen. Also brauchte man von Anfang an eine Hilfsgröße, die ersatzweise für alle anderen Währungen der EG eingesetzt werden konnte. Sie wurde Europäische Rechnungseinheit genannt.

ECU ist das Initialwort von *European Currency Unit* und ersetzt seit 1981 offiziell die ERE. Da man den ECU noch nicht als Banknote oder Münze in der Tasche tragen kann, fällt es vielen schwer, sich darunter etwas vorzustellen. Er ist eine ,,Korbwährung", zusammengesetzt aus den meisten EG-Währungen.

Der Haushalt der EG wird in Ecu erstellt. Alle Außenzölle und ähnlichen Einfuhrabgaben an den Außengrenzen der EG werden in Ecu erhoben. Die einheitlichen Agrarpreise im Agrarmarkt und die Leistungen der EG an Entwicklungsländer werden in Ecu festgesetzt. Bürger vieler EG-Staaten können Konten in Ecu eröffnen und Geschäfte in Ecu abwickeln. Viele Banken halten Ecu als Devisenreserven. Ob der Ecu eines Tages die anderen europäischen Währungen ersetzen wird, weiß man noch nicht.

Text adapted from *Europa 2000: Der Weg zur Europäischen Union* (Omnia Verlag, 1989)

Der erste Ecu der EG wurde in Belgien als Sammlermünze geprägt. Das Kopfbild zeigt Kaiser Karl V.

Die Rechnung muß bezahlt werden

Wichtige Rusdrücke

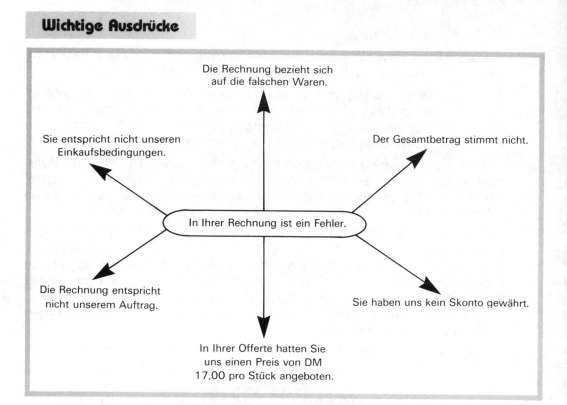

5 Zwei Buchhalter (eine Dame von der Kundenfirma, ein Herr von einem Verlag)
besprechen eine Rechnung für Wörterbücher.

Sachbearbeiterin: Wir haben gestern eine Rechnung über 1920,20 DM für deutsch/
englische Wörterbücher erhalten. Der Gesamtbetrag stimmt aber
nicht.

Sachbearbeiter: Oh, das tut mir leid, aber wieso stimmt das nicht?

Sachbearbeiterin: Gemäß Ihrer Preisliste kosten die Wörterbücher DM12,50 das
Stück. In unserem Auftrag wurden 100 Stück bestellt. Eine
Endsumme von DM1960,20 muß daher falsch sein. Außerdem
bekommen wir immer 3% Skonto, was Sie in diesem Fall ganz
vergessen haben.

Sachbearbeiter: Das ist allerdings unser Fehler. Bitte vernichten Sie diese
Rechnung. Sie wurde von einem neuen Mitarbeiter ausgestellt.
Der kennt sich noch nicht aus. Ich spreche sofort mit ihm. Dann
kann eine neue Rechnung ausgestellt werden.

6 Imagine you are the *Sachbearbeiter* and explain to your new colleague the errors in the invoice and how to correct them.

7 Rollenspiel

Person A: You have received an invoice from a German company, but it does not correspond with the original order. When asked to clarify, you should explain exactly what the discrepancy is.

Person B: Take the part of a *Sachbearbeiter/in* in a German company. You receive a telephone call complaining about an error in one of your invoices. Ask for an explanation, then offer your apologies and offer to send the customer a new invoice.

8 Hörenverständnis

Hören Sie sich die Kassette an, und notieren Sie die Daten und Rechnungsnummern, die erwähnt werden.

Wie sollen wir das bezahlen?

9 Your accounts department have some queries regarding the payment conditions of a) a German-speaking customer and b) a supplier.

a) Preise: Den Angeboten und Auftragsbestätigungen sind feste Preise zugrunde zu legen. Die Preisangabe gilt für Lieferungen frei unserem Werk Hamburg einschließlich Verpackung. Porto und Verpackung werden nicht vergütet.

Zahlung: Die Zahlung erfolgt am 25. des der Lieferung folgenden Monats mit einem Skontoabzug von 2% oder nach 90 Tagen netto mit Zahlungsmitteln nach unserer Wahl.

How does the customer wish to pay?

b) Zahlungsweise: Rechnungen sind fällig bei Eingang und zahlbar binnen acht Tagen. Bei Hergabe von Schecks und Wechseln ist der Zahlungstag der Tag der Einlösung. Im Falle eines Verzugs ist der Hersteller berechtigt, Zinsen in Höhe von 2% zu berechnen.

When must the supplier be paid?

Wichtige Ausdrücke

Zahlen Sie	mit Euroscheck mit Reisescheck und Kommission mit Kreditkarte bar per Banküberweisung in Monatsraten mit einem unwiderruflichen Akkreditiv gegen Rechnung im voraus per Banktratte per Wechsel

ein Euroscheck mit Karte

zwei Kreditkarten

10 Lesen Sie die wichtigen Ausdrücke, dann wählen Sie den passenden Ausdruck auf englisch.

a) by travellers' cheque with commission
b) in cash
c) by bank transfer
d) by irrevocable letter of credit
e) by bill of exchange

f) by bank draft
g) against invoice in advance
h) in monthly instalments
i) by Eurocheque
j) by credit card

11 The following text gives details of the different methods of paying for goods bought from a *Quelle* mail order catalogue. In English explain:

a) the three different methods of payment
b) when monthly payments are due
c) the two advantages of paying by the first method
d) two things the customer is told not to do.

Find the German for:

e) after receipt of the goods
f) at home
g) minimum value ordered
h) to choose
i) due (of payment)
j) delivery/handing over

k) carrier/forwarding agent
l) to sign
m) cheque card
n) cash
o) postage stamp.

Bezahlen können Sie später.

Das Schöne bei Quelle:
Sie können sich aussuchen, wie
Sie bezahlen wollen. Entweder
gegen Rechnung zur Zahlung
innerhalb von 14 Tagen oder in
bequemen Monatsbeträgen —
oder per Nachnahme.

Zahlung gegen Rechnung
Beim Kauf gegen Rechnung haben Sie
nach Erhalt der Ware 14 Tage Zeit zu
bezahlen. Sie können also alles, was Sie
bestellt haben, erst in Ruhe anschauen
und prüfen. Ein weiterer Vorteil ist, daß
z.B. auch ein Nachbar Ihr Quelle-Paket
in Empfang nehmen kann, falls Sie
einmal nicht zu Hause sind, wenn es
gebracht wird.
Der Mindestbestellwert bei Kauf
auf Rechnung beträgt DM 50.-.

Zahlung in 3, in 5
oder in 7 Monatsbeträgen
Sie wählen bei jeder Bestellung neu, in
wieviel Monatsbeträgen Sie bezahlen
möchten.

Der Zinsaufschlag auf den Kaufpreis
beträgt 0,6% pro Monat x Laufzeit.
Fälligkeit der Raten: Die 1. Rate wird
30 Tage nach Erhalt der Ware fällig, die
weiteren Raten jeweils einen Monat
später.

Zahlung per Nachnahme
Wenn Sie die Ware per Nachnahme
geliefert haben möchten, bezahlen Sie
bei der Zustellung. Der Postbote oder
der Spediteur nehmen auch Euroschecks
an, wenn Sie den Scheck in Gegenwart
des Zustellers unterschreiben und Ihre

Scheckkarte vorweisen. Sie brauchen
also nicht unbedingt Bargeld im Hause
zu haben.
Der Mindestbestellwert bei Kauf per
Nachnahme beträgt DM 30.-.

Bitte beachten:
● Überweisen Sie kein Geld im voraus.
● Schicken Sie kein Bargeld und keine
  Briefmarken.
● Wenn nicht anders angegeben, liefern
  wir gegen Rechnung (sofern ein Quelle-
  Einkaufskonto besteht), ansonsten per
  Nachnahme.

Eigentumsvorbehalt: Die Ware bleibt
bis zur vollständigen Bezahlung
Eigentum der Quelle.

Quelle **1281**

Wir müssen Sie daran erinnern

12 The following letter has arrived at your company. You have been asked by a colleague to explain what it says. He understands that it is concerned with invoices, but no more.

MAHNUNG

Sehr geehrte Herren,

Betr.: Außenstände — Rechnungen Nr. 5741 und 5362

wir möchten Sie darauf hinweisen, daß obige Rechnungen trotz unserer Zahlungserinnerungen noch unbezahlt sind.

Wir bitten Sie noch einmal dringend, diese Rechnungen innerhalb von zwei Wochen zu begleichen bzw. uns mitzuteilen, warum Sie nicht imstande sind, sie zu begleichen. Sonst werden wir gezwungen sein, gegen Sie gerichtlich vorzugehen.

Hochachtungsvoll

Wichtige Ausdrücke

Bitte begleichen Sie die Rechnung sofort.
Wir bitten umgehend um Antwort.
Sonst müssen wir
    gegen Sie gerichtlich vorgehen.
    die Angelegenheit unserem Rechtsanwalt übergeben.
    Schritte unternehmen, um die ausstehende Summe gerichtlich einzutreiben.

Es tut uns leid, aber
    unser Computer ist im Moment außer Betrieb.
    die zuständige Sachbearbeiterin ist seit einigen Tagen erkrankt.
    wir sind mit Ihren Waren nicht zufrieden.
    es ist die Schuld der Bank.
    wir haben zur Zeit Personalmangel.
    die Menge stimmt nicht.
    wir haben die Waren nicht erhalten.
    unser Bedarf hat sich geändert.
    Sie haben nicht pünktlich geliefert.

13 Lesen Sie noch einmal den Brief auf Seite 70. Sie arbeiten in der Buchhaltung. Schreiben Sie Ihrem Lieferanten eine Antwort, und teilen Sie ihm mit, warum Sie die Rechnung noch nicht beglichen haben.

Summary of language forms

1 a) **The imperfect passive**

The imperfect passive is formed from the imperfect of *werden* and the past participle.

Laut unserem Auftrag *wurden* nur 60 Stuck *bestellt*.

Dann *wurde* die Anzahl auf 100 *erhöht*.

b) **Other tenses**

Die Rechnungen *werden* von einem neuen Mitarbeiter *ausgestellt*.   (present)

Die Rechnungen *werden* von einem neuen Mitarbeiter *ausgestellt werden*.   (future)

Die Rechnungen *sind* von einem neuen Mitarbeiter *ausgestellt worden*.ˈ (perfect)

Die Rechnungen *waren* von einem neuen Mitarbeiter *ausgestellt worden*. (pluperfect)

Note that where two past participles occur, *ge* is dropped from *geworden*.

c) **With modal verbs**

When forming the passive with a modal verb, *werden* remains in its infinitive form.

Dann kann eine neue Rechnung ausgestellt *werden*.

Die Rechnung muß vernichtet *werden*.

2 **Position of *nicht***

a) **In a main clause**

Nicht precedes an infinitive, a past participle or a separable prefix in a main clause. Otherwise *nicht* precedes the last phrase or is the last word.

Wir haben die Waren *nicht* erhalten.

Der Wechselkurs ist im Moment *nicht* gut.

Der Gesamtbetrag stimmt *nicht*.

b) **In a subordinate clause**

Nicht comes directly before the verb at the end of the clause. If there is an infinitive, past participle or adjective, *nicht* precedes these.

Wenn Sie mein Schreiben *nicht* erhalten, rufen Sie mich noch einmal an.

Teilen Sie ihm mit, warum Sie die Rechnung *nicht* beglichen haben.

c) **To negate one word, *nicht* directly precedes it**

Wir konnten wegen des Streiks der Hafenarbeiter *nicht* früher liefern.

Erklären Sie, warum Sie *nicht* pünktlich liefern konnten.

Additional exercises

1 Put the following sentences into the imperfect passive.

Example   Wir bestellten fünf Maschinen.
Fünf Maschinen wurden von uns bestellt.

a) Der Beamte rechnete den Gesamtbetrag aus.
b) Eine neue Rechnung stelle ich nicht aus.
c) Wieviel Geld wechselte der Herr?
d) Wir beglichen diese Rechnungen sofort.
e) Diese Firma bot uns einen Preis von DM 950,— an.
f) Unser neuer Mitarbeiter stellte diese Rechnungen aus.
g) Der Lieferant erhielt unsere Anfrage erst am 7. Juni.

2 Put the above sentences into the perfect passive tense.

Kapitel 7

Eine Geschäftsreise

Das wäre interessant	Discussing travel plans with colleagues: page 73
Unterwegs	Using different types of transport: page 76
Auf der Messe	Talking to potential customers at a trade fair: page 82
Wichtige Ausdrücke	Travel Instructions: page 77
Summary of language forms	Conditional clauses

Das wäre interessant

1 Ruth Baker, englische Vertreterin einer deutschen Firma, hat vor, nach Deutschland zu reisen, um ihre deutschen Kollegen und Kolleginnen kennenzulernen. Sie telefoniert gerade mit dem Geschäftsführer, Jürgen Schneider.

9 Sa	
10 So	
11 Mo	J. P. Brun
12 Di	Messe
13 Mi	
14 Do	
15 Fr	
16 Sa	

Schneider: Wann kommen Sie denn nach Deutschland?

Baker: Ich weiß es noch nicht genau. Nächste Woche habe ich ziemlich viel vor. Wahrscheinlich Anfang übernächster Woche. Ginge das?

Schneider: Ja, sicher. Wenn Sie am Dienstag, also dem 12. kämen, wäre unser französischer Vertreter noch hier. Sie könnten ihn auch kennenlernen. Außerdem hätten wir dann dreieinhalb Tage für unsere Besprechungen. Wir könnten auch zur Messe gehen, wenn Sie Lust hätten.

Baker: Ja, gerne. Das wäre höchst interessant. Ich fahre wahrscheinlich erst am
                    Sonntag, dem 17., zurück, weil ich etwas von Ihrer Gegend sehen
                    möchte. Ich wäre Ihnen dankbar, wenn Sie mir einen Mietwagen fürs
                    Wochenende reservieren könnten.

Schneider: Das können wir machen. Das ist kein Problem. Was für einen Wagen
                    möchten Sie denn?

Baker: Wenn möglich einen Volkswagen oder einen Opel.

Schneider: In Ordnung, Frau Baker. Sobald Sie näheres wissen, teilen Sie uns Ihre
                    Ankunftszeit mit. Wir holen Sie dann vom Flughafen ab.

Baker: Gut. Ich melde mich nächste Woche wieder per Fax oder Fernschreiben.

Beantworten Sie folgende Fragen.

a) Warum wäre der 12. günstig? (zwei Gründe)
b) Warum kann Ruth Baker nicht nächste Woche nach Deutschland fahren?
c) Was sagt Ruth Baker über die Messe?
d) Wie lange möchte Ruth Baker bleiben? Warum?
e) Wofür wäre Ruth Baker dankbar?
f) Was für ein Auto möchte sie mieten?
g) Wie setzt sich Ruth Baker mit ihrem deutschen Kollegen wieder in Verbindung?

2 Ihr deutschsprachiger Vertreter ist bei Ihrer Firma zu Besuch. Schlagen Sie ihm einige
Aktivitäten vor, die für ihn eventuell interessant wären.

Beispiel   Wenn Sie möchten, könnten wir/Sie einen Tag bei unserer Tochter-
              gesellschaft verbringen.

Wenn Sie Lust hätten,
Wenn Sie möchten,
Wenn Sie daran Interesse
  hätten,
Wenn wir Zeit hätten,
Wenn es nicht zu spät wäre,
Wenn das Wetter besser wäre,
	könnte ich
	könnten wir
	könnten Sie
		zur Messe gehen.
		Sie abholen.
		unsere französische Vertreterin
		  kennenlernen.
		übers Wochenende bleiben.
		einen Mietwagen reservieren.
		unsere Verkaufspläne weiter
		  besprechen.
		die Sehenswürdigkeiten
		  besichtigen.

3 Rollenspiel

Person A: You receive a phone call from a colleague at your German parent
                 company. Greet him/her and ask when he/she plans to travel to the UK.

Say that if he/she could come at the beginning of the week, you would have plenty of time for your discussions. Ask how he/she is travelling, and offer to meet him/her.

Person B: Take the part of the German colleague. Tell your British colleague that you would like to come at the beginning of the week but that is not possible. You are not able to come until the middle of the week. As you do not like flying, you will be travelling by boat and train. You would be very grateful if your colleague could reserve a hire car for you at Dover.

4   Your local Chamber of Commerce is planning a trade mission to Germany. To enable your host chamber to provide a suitable programme, write a résumé (five to six sentences) outlining the jobs of three or four of your colleagues who will be accompanying you. Mention their names, their responsibilities within the company, and the type of company they would like to visit. Try to include at least one conditional clause.

Unterwegs

5 Below are some travel instructions taken from a *Deutsche Bundesbahn* publication. Match the following German expressions to their English equivalent.

a)	Linie	straight ahead
b)	stündlich	tram
c)	alle 20 Min.	main station
d)	Straßenbahn	hourly
e)	Flughafenbus	regular service
f)	geradeaus	duration of journey
g)	(Bus)haltestelle	every 20 minutes
h)	Hbf	airport bus
i)	Takt-Verkehr	bus stop
j)	Fahrzeit	route

Reisen mit der Bahn

Vom Bahnhof zum Flughafen.

Hauptbahnhof – Airport: Welche Verkehrsmittel kommen für mich in Frage? Wann und wie oft habe ich Transfer-Möglichkeiten? Wie lange bin ich unterwegs vom Zug zum Flug? Welche Informationen helfen mir am Bahnhof?

Vom Zug	Verbindungen zum Flug	Hinweise zur Abfahrtsstelle	Takt-Verkehr*	Fahrzeit
Bremen Hbf	Straßenbahnlinie 5 (Bremer Straßenbahn AG)	Bahnhofsvorplatz, „Flughafen" auf Straßenbahn ausgeschildert	alle 10 Min.	11 Min.
Düsseldorf Hbf	S-Bahn von Düsseldorf Hbf (DB)	Piktogramm: ✈	alle 20 Min.	13 Min.
Frankfurt Hbf	direkte IC-Linie (Dortmund–München) S-Bahn von Frankfurt, Mainz, Wiesbaden (DB)	Piktogramm: ✈	IC-Züge stündlich, S 15 und S 14 von Frankfurt Hbf alle 20 Min.	11 Min.
Hamburg Hbf	Flughafenbus (Jasper Rund- und Gesellschaftsfahrten GmbH) S- oder U-Bahn bis Bf Ohlsdorf, von dort Buslinie 110 (HVV)	Hbf-Ausgang: Kirchenallee/ Hachmannplatz, Piktogramm: ✈ Bahnhof Ohlsdorf/Hinweistafel, Piktogramm: ✈	alle 20 Min. alle 10 Min., in der Nacht stündlich zum Hbf	30 Min. 30 Min.
Hannover Hbf	Flughafenbuslinie 60 (ÜSTRA Hannoversche Verkehrsbetriebe)	Hbf-Ausgang: Raschplatz Piktogramm: ✈	alle 30 Min.	25 Min.
Köln Hbf	Buslinie 170 (Verkehrsverbund Rhein-Sieg GmbH)	Hbf-Ausgang: Breslauer Platz/ Busbahnhof, Piktogramm: ✈	alle 20 Min.	20 Min.
Bonn Hbf	Buslinie 670 (Verkehrsverbund Rhein-Sieg GmbH) Flughafen Köln	Hbf-Ausgang: rechts Busbahnhof Piktogramm: ✈	alle 20/30 Min.	30 Min.
München Hbf	S-Bahn (S 6) bis Bf Riem, von dort mit Buslinie 37, oder S 4 bis Trudering, von dort mit Buslinie 38 (MVV)		alle 20 Min.	25 Min.
Nürnberg Hbf	Flughafen-Zubringerbus (Neukam-Römming Reisen GmbH) Straßenbahnlinie 3 bis Fritz-Munkert-Platz, von dort mit Buslinie 32 (VAG)	Hbf-Ausgang: Bahnhofsvorplatz/Bus-Abfahrt Hbf-Ausgang: Bahnhofsvorplatz	ca. stündlich, kein Takt ca. alle 40 Min. (Bus)	20 Min. 30 Min.
Saarbrücken Hbf	Buslinie 1 (dem Fahrer Fahrtziel sagen) ab Haltestelle Trierer Str. – Saarbergwerke bis Haltestelle Ensheim-Marktweg, von dort Transfer der Flughafen Saarbrücken GmbH (Gesellschaft für Straßenbahnen im Saartal AG)	Hbf-Ausgang: ca. 300 m geradeaus, direkt neben Verkehrsverein Haltestelle: Trierer Straße-Saarberg-werke	alle 30 Min. (w) stündlich (Sa/So)	45 Min.
Stuttgart Hbf	Schnellbuslinie A (Airportbus) (Stuttgarter Straßenbahn AG)	Hbf-Ausgang: Ebene Reisecenter, Bahnhofsvorplatz, Piktogramm: ✈	alle 20 Min.	35 Min.

Es gelten die Tarif- und Beförderungsbedingungen der jeweiligen Verkehrsunternehmen.

*Es gelten die jeweils örtlichen Fahrpläne (Einschränkungen in den Abend- und Nachtstunden sowie an Wochenenden und Feiertagen).

Wichtige Ausdrücke

> Sie verlassen die Autobahn an der Ausfahrt Nr. . . .
> Nehmen Sie die (A 38) bis nach/bis zum/zur. . .
> Fahren Sie in Richtung (London).
> Am Kreisverkehr fahren Sie dann links/rechts.
> Busse/die U-Bahn fahren/fährt alle 30 Minuten/jede halbe Stunde.

6 Unten finden Sie die Anfahrtsmöglichkeiten zum Arabella Airport Hotel in Düsseldorf.

Lesen Sie die Anweisungen. Dann beschreiben Sie einem/einer deutschsprachigen Kollegen/Kollegin (Partner/in), der/die bald zu Besuch kommt, entweder mündlich oder schriftlich, wie er/sie mit dem Auto bzw. mit der Bahn oder mit dem Bus Ihre Firma, Ihr Haus oder ein Hotel in der Nähe von Ihnen erreicht.

Beschreiben Sie ihm/ihr auch, wie er/sie von Ihnen zum nächsten Flughafen kommt.

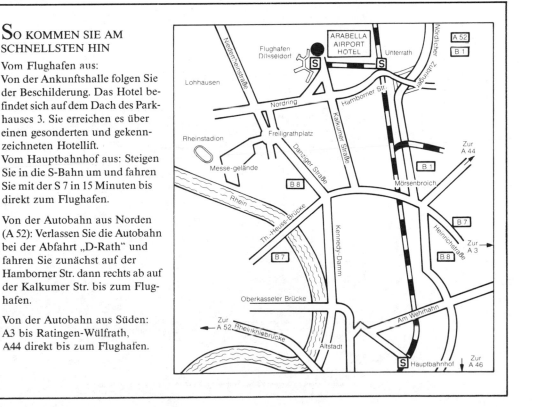

So KOMMEN SIE AM SCHNELLSTEN HIN

Vom Flughafen aus:
Von der Ankunftshalle folgen Sie der Beschilderung. Das Hotel befindet sich auf dem Dach des Parkhauses 3. Sie erreichen es über einen gesonderten und gekennzeichneten Hotellift.

Vom Hauptbahnhof aus: Steigen Sie in die S-Bahn um und fahren Sie mit der S 7 in 15 Minuten bis direkt zum Flughafen.

Von der Autobahn aus Norden (A 52): Verlassen Sie die Autobahn bei der Abfahrt „D-Rath" und fahren Sie zunächst auf der Hamborner Str. dann rechts ab auf der Kalkumer Str. bis zum Flughafen.

Von der Autobahn aus Süden:
A3 bis Ratingen-Wülfrath,
A44 direkt bis zum Flughafen.

7 Sie müssen einige Zeit in Deutschland verbringen und wollen ab und zu ein Auto mieten. Sie beantragen deshalb eine Kreditkarte bei Hertz. Unten auf dem Formular müssen Sie bestätigen, daß alle Angaben richtig sind. Sind Sie sicher, daß Sie alle Überschriften verstehen?

Einige Autos haben Extra-Ausstattung, z.B. Radio-Cassette, Schiebedach usw. Wissen Sie, wie diese auf englisch heißen?

Antrag für
Hertz Business Club Kreditkarte   *Hertz*

Bitte in Blockschrift ausfüllen

Nachname

Vorname

Privatanschrift Straße + Hausnummer

Postleitzahl   Stadt

Rechnungen   Privat-   Firmen-   Tel.-Nr.   Position:
bitte an   anschrift   anschrift   Privat:
                                        Geschäft:

Name der Firma oder Arbeitgeber

Anschrift Straße + Hausnummer

Postleitzahl   Stadt

Geburtsort und Geburtsland   Tag   Monat   Jahr
                                        Geburts-
                                        datum

Führerscheinnummer   Tag   Monat   Jahr
                                        Ausstellungs-
                                        datum

Ausstellende Behörde

Reisepaß   oder Personalausweisnummer
P P   **I D**

Ausstellungsland   Tag   Monat   Jahr
                                        Ausstellungs-
                                        datum

Wohnhaft   Beschäftigt bei   Brutto-
unter dieser   derzeitigem   Jahres-
Adresse seit   Arbeitgeber seit   einkommen
Bank-Informationen
Bankverbindung:

Kreditreferenzen / Andere Kreditkarten und Nummer
Name   Kartennummer:

Name   Kartennummer:

Ich bestätige die Richtigkeit der obenstehenden Angaben und bin mit der EDV-mäßigen Verarbeitung einverstanden. Ich akzeptiere, daß Hertz diesen Antrag ablehnen und ich eine solche Entscheidung nicht anfechten kann.

Datum   Unterschrift

Bitte einsenden an:
Hertz Autovermietung GmbH · Schwalbacher Straße 47 – 49 · 6000 Frankfurt/Main 1

8 Rollenspiel

Person A: Sie sind bei der Auto-Reservierung. Sagen Sie, welche Extra-Ausstattungen Sie möchten.

Person B: Sie arbeiten bei der Auto-Reservierung. Empfehlen Sie Ihrem/Ihrer Kunden/Kundin ein geeignetes Auto.

Beispiele:
- Ich muß unbedingt ein Autotelefon haben.
- Dann empfehle ich Ihnen ein Auto der Klasse I, J oder K.
- Da das Wetter so schön ist, möchte ich ein Schiebedach.
- Da haben Sie eine große Auswahl. Fast alle Autos außer Klassen A und L haben Schiebedach.

DER HERTZ WINNER-TARIF '89.
DAMIT FAHREN SIE IN JEDER KLASSE ERSTER KLASSE
ZUM ERSTAUNLICH GÜNSTIGEN PREIS.

Gültig ab: 01.10.1989

Gruppe Group	Typ Model	Pro Tag Per day	Pro km Per km	Tagespreis inkl. km Daily Rate inc. unlim. km	Wochenpreis inkl. km Weekly Rate 5–7 Tage 5–7 days	Zusatztag Add. day	Türen	Radio/Cassette	Schiebedach	Zentralverriegelung	ABS	Klima-Anlage	Warnanlage	Autotelefon erhältlich
A	Ford Fiesta	**62,—** / 54,39	**0,62** / 0,54	**133,—** / 116,67	**595,—** / 521,93	**85,—** / 74,56	3	R						
	Opel Corsa						3	R						
B	Ford Escort	**69,—** / 60,53	**0,69** / 0,61	**168,—** / 147,37	**770,—** / 675,44	**110,—** / 96,49	5	R/C	●					
	VW Golf CL						5	R/C	●					
	Opel Kadett						5	R/C	●					
C	Ford Sierra 2,0 LX	**89,—** / 78,07	**0,89** / 0,78	**228,—** / 200,—	**994,—** / 871,93	**142,—** / 124,56	4	R/C	●					
	Audi 80						4	R/C						
	Opel Vectra						4	R/C						
D	Opel Omega 2,0 i	**98,—** / 85,96	**—,98** / 0,86	**258,—** / 226,32	**1218,—** / 1068,42	**174,—** / 152,63	4	R/C	●					
	Volvo 740 GL						4	R/C	●					
F	BMW 316 i						4	R/C	●	●				
	Mercedes 190						4	R/C	●	●				
H	BMW 520 i	**109,—** / 95,61	**1,09** / 0,96	**282,—** / 247,37	**1274,—** / 1117,54	**182,—** / 159,65	4	R/C	●	●				
I	Mercedes 190 E Automatik						4	R/C	●	●				●
J	Mercedes 230 E Automatik	**119,—** / 104,39	**1,19** / 1,04	**323,—** / 283,33	**1470,—** / 1289,47	**210,—** / 184,21	4	R/C	●	●	●			
	Opel Senator 3.0 CD Automatik						4	R/C	●	●	●			
K	BMW 730 i Automatik	**166,—** / 145,61	**1,66** / 1,46	**399,—** / 350,—	**1869,—** / 1639,47	**267,—** / 234,21	4	R/C	●	●	●	●	●	●
	Mercedes 300 SE Automatik						4	R/C	●	●	●	●	●	●
	Audi V8 Quattro Automatik						4	R/C	●	●	●	●	●	●
M	Ford Escort Automatik	**89,—** / 78,07	**—,89** / 0,78	**228,—** / 200,—	**994,—** / 871,93	**142,—** / 124,56	5	R/C	●					
N	Ford Sierra Automatic	**98,—** / 83,96	**—,98** / 0,86	**258,—** / 226,32	**1218,—** / 1068,42	**174,—** / 152,63	4	R/C	●					
G	Ford Sierra Turnier 2,0 LX						5	R/C						
	Opel Omega Caravan 2,0 l						5	R/C						
L	Ford Transit Bus 9-Sitzer	**119,—** / 104,39	**1,19** / 1,04	**298,—** / 261,40	**1386,—** / 1215,79	**198,—** / 173,68	3	R/C						

Ausstattung ● alle Wagen ○ teilweise

Mietpreise in DM inkl. 14 % Mehrwertsteuer (fettgedruckt), ohne 14 % Mehrwertsteuer (schmalgedruckt). Die o. g. Mietpreise sind nicht rabattfähig.
Einwegmieten sind zwischen allen deutschen Hertz-Stationen ohne Rückführgebühr möglich (gilt nicht für die Insel Sylt). Einwegmieten ins Ausland sind zu diesem Tarif nicht möglich.
Fragen Sie bitte bei der Reservierung oder bei Mietbeginn.

The DM rates in bold are inclusive, other rates are subject to 14 % TAX. The above rates are non-discountable.
One-way-rentals within Germany are free of drop off charges (except to the island of Sylt). One-way-rentals outside Germany are not applicable.
Please ask our Reservation-office or at time of rental.

9 You have arranged to meet a German colleague, and so you give him the number plate of the car which you have hired.

Here is your number plate. What would you say to him?

How would you express these other number plates in German?

10 Rollenspiel

Lesen Sie folgendes Gespräch in einem Kölner Reisebüro.

- ● Ich muß übermorgen nach Frankfurt fliegen.
- ■ Morgens oder nachmittags?
- ● Nachmittags.
- ■ Ich empfehle Ihnen Flug Nr LH 140 16.45 Uhr. Sie sind dann um 17.25 in Frankfurt.
- ● Prima. Reservieren Sie mir einen Platz.

Machen Sie anhand des folgenden Flugplans weitere Dialoge.

Wichtige Ausdrücke

Die geht täglich außer samstags.
Ich möchte etwas früher/später fliegen.
Können Sie mir einen Platz reservieren?
Die Maschine ist voll.
Abflugszeit 7.30 Uhr
Ankunftszeit 8.40 Uhr
Sie sind um 19.50 in Hamburg.
In Hannover müssen Sie in eine andere Maschine umsteigen.

Linienverkehr

ab	Flug-Nr.	Tag	Ankunft Köln/Bonn Zeit	von	Abflug Köln/Bonn nach Zeit	Tag	Flug-Nr.	an
08.15	CN 023	Fr	10.30 C	Ankara	22.00	Fr	CN 024	02.00 C
21.30	TK 683	Sa	23.30 C 1)		1) 01.00	So	TK 684	05.00 C
06.30	BA 3003	Mo—Fr	07.35 C 15)		07.10	tgl.a.So	EE 5161	08.10 B
06.45	PA 677	tgl.a.So	07.50 C		08.05	Mo—Fr	BA 3004	09.05 C
08.30	BA 3007	tgl.	09.35 C		08.25	tgl.a.So	PA 676	09.25 C
09.00	EE 5160	tgl.a.So	10.05 B 11)		10.05	tgl.	BA 3008	11.05 C
11.30	BA 3011	tgl.	12.35 C 13)		11) 10.45	tgl.a.So	EE 5165	11.45 B
13.30	BA 3015	tgl.	14.35 C	Berlin	13) 13.05	tgl.	BA 3012	14.05 C
14.00	EE 5164	tgl.a.Sa	15.05 B		15.05	tgl.	BA 3016	16.05 C
15.30	BA 3023	Mo—Fr	16.35 C		15.45	tgl.a.Sa	EE 5169	16.45 B
17.20	PA 679	tgl.a.So	18.25 C		17.05	Mo—Fr	BA 3024	18.05 C
17.30	BA 3025	tgl.	18.35 C		19.00	tgl.a.So	PA 678	20.00 C
19.30	BA 3027	tgl.a.Sa	20.35 C		19.05	tgl.	BA 3026	20.05 C
21.00	EE 5168	tgl.a.Sa	22.05 B		14) 21.05	tgl.a.Sa	BA 3028	22.05 C
10.25	BA 5384	Mo—Fr	12.40 C	Birmingham	16.20	Mo—Fr	BA 5385	16.40 C
08.40	BA 5384	Mo—Fr	12.40 C	Edinburgh	16.20	Mo—Fr	BA 5385	18.30 C
09.40	LH 148	tgl.	10.20 B		07.20	tgl.	LH 147	08.05 B
13.20	LH 150	tgl.	14.00 B	Frankfurt	10.55	tgl.	LH 141	11.40 B
16.45	LH 140	tgl.	17.25 B		14.30	tgl.	LH 157	15.15 B
21.30	LH 154	tgl.	22.10 B		19.15	tgl.	LH 155	20.00 B
19.45	LH 5519	Mo—Fr	21.20 B	Genf	17.40	Mo—Fr	LH 5518	19.15 B
06.30	LH 320	tgl.	07.25 B 2)		06.55	Mo—Fr	LH 321	07.50 B
07.30	LH 322	tgl.	08.25 B		08.35	tgl.	PW 861	09.30 C
08.00	LH 5390	Sa, So	09.15 B		08.55	Mo—Fr	LH 325	09.50 B
08.55	PW 860	tgl.	09.50 C		09.55	Sa, So	LH 5391	11.10 B
10.20	PW 862	tgl.	11.15 C		10.35	tgl.	PW 863	11.30 C
10.30	LH 324	Mo—Fr	11.25 B		12.10	tgl.	PW 865	13.05 C
11.50	LH 5392	Sa	13.10 B 12)	Hamburg	12.55	Mo—Fr	LH 329	13.50 B
14.30	LH 326	Mo—Fr	15.25 B		12) 14.35	Sa	LH 5393	15.50 B
16.30	LH 5394	Sa	17.50 B		15.55	Mo—Fr	LH 333	16.50 B
17.30	LH 332	tgl.a.Sa	18.25 B		16.55	So	LH 335	17.50 B
18.30	LH 336	tgl.a.Sa	19.25 B 3)		18.55	Mo—Fr	LH 337	19.50 B
20.15	PW 864	tgl.	21.10 C		18.55	Sa	LH 5395	20.10 B
					19.05	tgl.	PW 867	20.00 C
					8) 19.25	tgl.a.So	LH 339	20.50 B
06.30	CN 021	So	08.30 C		17.50	So	CN 022	21.45 C
09.50	TK 671	Sa, So	10.15 C		13.05	Sa, So	TK 672	17.00 C
17.55	TK 673	Mo	20.10 C	Istanbul	21.00	Mo	TK 674	00.55 C
17.55	TK 673	Mi,Do	20.10 C		21.00	Mi,Do	TK 674	00.55 C
18.45	TK 675	Fr	21.00 C 4)		4) 22.00	Fr	TK 676	01.55 C
07.10	TK 677	Sa	10.15 C	Izmir	11.15	Sa	TK 678	14.00 C
10.10	LH 5413	Mo—Fr	11.55 B		07.40	Mo—Fr	LH 5412	09.35 B
17.00	DM 113	tgl.a.Sa	18.40 B	Kopenhagen	19.25	tgl.a.Sa	DM 114	21.05 B

Linienverkehr

ab	Flug-Nr.	Tag	Ankunft Köln/Bonn Zeit	von	Abflug Köln/Bonn nach Zeit	Tag	Flug-Nr.	an
08.25	LO 257	Fr	10.15 B 6)		6) 11.05	Fr	LO 258	12.55 B
10.00	LO 257	Fr	17.50 B 7)	Krakau	7) 18.40	Fr	LO 258	20.30 B
16.20	LO 257	Mo	18.10 B		19.00	Mo	LO 258	20.50 B
11.30	LH 5541	Mo—Fr	14.10 B	London Gatwick	10.20	Mo—Fr	LH 5540	11.00 B
08.30	BA 928	Mo—Fr	10.50 C		07.35	tgl.	LH 1638	07.55 B
08.45	BA 928	Sa, So	11.05 C	London Heathrow	11.40	Mo—Fr	BA 929	12.05 C
14.50	LH 1641	tgl.	17.00 B		12.10	Sa, So	BA 929	12.30 C
15.25	BA 930	tgl.a.Sa	17.40 C		17.30	tgl.	LH 1642	17.50 B
20.50	LH 1643	tgl.	23.00 B		18.35	tgl.a.Sa	BA 931	19.00 C
13.30	LH 1885	tgl.	17.45 B	Madrid	12.15	tgl.	LH 1890	16.45 B
09.50	LH 5461	tgl.	11.45 B		07.00	Sa	LH 5460	08.50 B
18.25	AZ 1420	tgl.a.Sa	20.20 B	Mailand	21.00	tgl.a.Sa	AZ 461	22.50 B
06.30	PW 504	tgl.	07.40 C		07.15	Mo—Fr	LH 962	08.15 B
06.35	LH 963	Mo—Fr	07.45 B		08.15	tgl.	LH 964	09.15 B
07.35	LH 965	tgl.a.So	08.45 B		09.15	tgl.a.So	LH 966	10.15 B
08.35	LH 969	tgl.a.Sa	09.45 B		10.15	Mo—Fr	LH 968	11.15 B
10.35	LH 973	Mo—Fr	11.45 B		12.15	tgl.	LH 1890	13.15 B
12.35	LH 977	So	13.45 B		12.55	tgl.a.Sa	LH 976	17.15 B
15.20	PW 710	tgl.a.Sa	16.30 C		16.15	Mo—Fr	LH 976	17.15 B
15.35	LH 981	tgl.a.Sa	16.45 B	München	17.15	tgl.a.Sa	LH 980	18.15 B
16.35	LH 1885	tgl.	17.45 B		18.15	tgl.	LH 984	19.15 B
17.10	PW 508	Sa	18.20 C		20.15	tgl.a.Sa	LH 988	21.15 B
17.25	LH 510	tgl.a.Sa	18.30 C		21.50	tgl.	PW 507	22.55 C
17.35	LH 987	Mo—Fr	18.45 B					
18.35	LH 989	tgl.	19.45 B					
20.35	LH 991	tgl.a.Sa	21.45 B					
07.05	LH 5880	Mo—Fr	08.10 B		08.40	Mo—Fr	LH 5881	09.45 B
10.15	LH 5884	Mo—Fr	11.20 B 9)	Nürnberg	9) 15.40	Mo—Fr	LH 5885	16.45 B
20.10	LH 5888	Mo—Fr	21.30 B		18.30	Mo—Fr	LH 5887	19.40 B
10.00	PW 711	tgl.a.Sa	11.00 C		07.55	tgl.a.So	LH 1770	08.55 B
10.30	LH 1771	tgl.a.So	11.35 B		9) 11.50	Mo—Fr	LH 5600	13.15 B
13.45	LH 5601	Mo—Fr	15.10 B 9)	Paris	14.00	tgl.	LH 5612	15.30 B
15.50	LH 5613	tgl.	17.10 B		17.20	tgl.a.Sa	PW 710	18.20 C
18.20	AF 786	tgl.a.Sa	19.25 R 10)		18.00	Mo—Fr	LH 5602	19.15 R
19.55	LH 5603	Mo—Fr	21.25 B		10) 20.10	tgl.a.Sa	AF 787	21.15 R
07.15	LH 5221	Mo—Fr	08.20 B		06.50	Mo—Fr	LH 5220	08.00 B
08.35	LH 5223	Mo—Fr	09.40 B		09.10	Mo—Fr	LH 5222	10.15 B
11.15	LH 5233	Sa	12.20 B		12.50	Sa	LH 5230	13.55 B
11.55	LH 5443	Mo—Fr	12.50 B	Stuttgart	13.30	tgl.	LH 5444	14.30 B
15.50	LH 5227	Mo—Fr	16.50 B		15.20	Mo—Fr	LH 5224	16.25 B
16.55	LH 5225	Mo—Fr	18.00 B		17.20	Mo—Fr	LH 5226	18.20 B
18.40	LH 5229	Mo—Fr	19.45 B		17.55	So	LH 5228	18.55 B
19.25	LH 5231	So	20.25 B		20.15	Mo—Fr	LH 5232	21.20 B

11　Hörverständnis

Sie sind Fluggast bei Lufthansa. Während Ihrer Reise hören Sie einige Ansagen. Hören Sie sich die Kassette an, und notieren Sie Ihre Anweisungen.

Nützliche Wörter

- rauchen
- die Bordkarte
- die Rückenlehne
- die Sicherheit
- die Not
- der Druckverlust

Auf der Messe

12 James Richardson, Stahlproduzent, und zwei Geschäftsleute aus der Schweiz sind auf der Messe in Zürich und besprechen ihre zukünftigen Geschäftsverbindungen.

Koch:	Guten Tag, Koch von der Firma Koch-Uhrengehäuse.
Richardson:	Guten Tag. Richardson.
Koch:	Darf ich Ihnen meine Kollegin, Frau Stölzl, vorstellen?
Richardson:	Guten Tag, Frau Stölzl.
Stölzl:	Guten Tag, Mr Richardson. Es freut mich, Sie kennenzulernen.
Koch:	Wir sind gerade dabei, uns als Hersteller von Uhrengehäusen zu etablieren, und suchen zur Zeit Lieferanten von verschiedenen geeigneten Stahlsorten.
Richardson:	Unsere Broschüren geben Ihnen einen Überblick über unser Programm und die Qualitäten, die für Ihre Anwendung geeignet sind. Diese Broschüre hier über rostfreie Stähle wäre für Sie besonders interessant. Hier sehen Sie auch einige Musterstücke.
Koch:	Danke schön. Haben Sie noch andere Kunden in der Schweiz?
Richardson:	Ja, mehrere sogar.
Stölzl:	Aber im Ausland haben Sie keine Fabrik, oder?
Richardson:	Nein, es wird alles in England hergestellt, aber wir sind in vielen Ländern vertreten. Ich empfehle Ihnen, mit unserem schweizerischen Vertreter zu sprechen. Er kommt morgen zur Messe, andernfalls könnte er sich mit Ihnen in Verbindung setzen. Sie können mit ihm die technischen Einzelheiten, wie Mengenbedarf, Preise usw. besprechen.
Koch:	Wenn ich das gewußt hätte, wäre ich morgen gekommen. Ich gebe Ihnen meine Visitenkarte und hoffe, bald mit Ihrem Vertreter sprechen zu können.

13 Sie übernehmen die Rolle von Herrn Koch. Berichten Sie Ihrem Kollegen (einem/einer Partner/in) etwas über Ihr Gespräch auf der Messe. z.B., wen Sie kennengelernt haben, was für Informationen Sie bekommen haben, und was Sie jetzt vorhaben.

14 Rollenspiel

Person A:	Ihre Firma stellt auf einer deutschen Messe aus. Ein/e Kunden/Kundin stellt sich vor und will verschiedenes über Ihr Geschäft wissen.
Person B:	Übernehmen Sie die Rolle des/der Kunden/Kundin. Erkundigen Sie sich nach der Möglichkeit, Produkte von Ihrem/Ihrer Gesprächsparter/in zu importieren. Sagen Sie, was Sie brauchen, dann stellen Sie Fragen über Produkte, Lieferungen, Vertretung in Ihrem Land usw.

Hannover Cebit Messehalle

15 While in Germany on business you are invited by the local *Handelsschule* to give a presentation on your company. With the help of visual displays, where appropriate, provide your audience with details of your company. You could include some of the following points:

a) Company (*Gesellschaft*):
Location of Head office (*Hauptsitz*)
Other offices (*Büros*), factories (*Fabriken*), branches (*Zweigniederlassungen*)
Imports/exports (*Einfuhrwaren/Ausfuhrwaren*)
Number of employees (*Beschäftigtenzahl*), white-collar workers (*Angestellte*) workers (*Arbeiter/innen*)

b) Product range (*Warenpalette*):
Applications (*Anwendung/en*)

c) Agents abroad (*ausländische Vertretung*):
Agents' duties (*Aufgaben*), for example, supplying quotations (*Angebote/Offerten*), passing on orders (*Aufträge/Bestellungen*), after-sales service/back-up (*Kundendienst*)

d) Research and development (*Forschung und Entwicklung*):
Quality improvement (*Qualitätsverbesserung*)
Development of new products (*Entwicklung von neuen Produkten*)
Fulfilling responsibilities towards customers (*Verpflichtungen gegenüber Kunden erfüllen*)

Summary of language forms

1 Conditional clauses

a) **The conditional tense**

This is used to express doubt as to whether an action will happen. A *wenn*-clause must be included or understood to be in the sentence.

The conditional is formed by using *würde* and the infinitive.

Ich *würde* Ihnen meine Ankunftszeit *mitteilen*, wenn ich könnte.

b) **The imperfect subjunctive**

Irregular verbs add an umlaut to the imperfect indicative where this is possible.

Haben ⟶ hätte

ich hätt*e*	wir hätt*en*
du hätt*est*	ihr hätt*et*
Sie hätt*en*	Sie hätt*en*
er	Sie hätt*en*
sie hätt*e*	
es	

müssen ⟶ müßte
werden ⟶ würde
gehen ⟶ ginge

Conditional clauses are usually expressed by the imperfect subjunctive when *haben, sein* or modal verbs are used.

Wenn ich Zeit *hätte*, würde ich übers Wochenende bleiben.

c) **The perfect conditional tense**

This is formed by using the imperfect subjunctive of *haben* or *sein* and a past participle.

Wenn ich das *gewußt hätte, wäre* ich morgen *gekommen*.

Additional exercise

1 Complete the following conditional sentences by replacing the infinitives in brackets with the correct form of the verb.

Example Wenn es möglich (sein), würde ich einen Wagen mieten.
        Wenn es möglich wäre, würde ich einen Wagen mieten.

a) Wenn wir mehr Zeit (haben), könnten wir zur Messe gehen.
b) Wenn Sie kommen (können), würden wir uns freuen.

c) Wenn unser schweizerischer Vertreter hier (sein), würden wir diese Angelegenheit besprechen.

d) Sie könnten unseren Verkaufsleiter kennenlernen, wenn Sie Lust (haben).

e) Ich würde bis nächsten Montag bleiben, wenn ich nicht so viel zu tun (haben).

f) Würdest du nach Deutschland fahren, wenn du die Gelegenheit (haben)?

g) Ich würde einen größeren Auftrag erteilen, wenn ich (dürfen).

h) Wir würden einen Opel mieten, wenn wir wirklich (müssen).

i) Wir wären Ihnen sehr dankbar, wenn Sie uns weitere Informationen schicken (können).

j) Wenn ihr Lust (haben), könnten wir die Sehenswürdigkeiten besichtigen.

Kapitel 8

Unterhaltung und Freizeit

Was machen wir morgen abend?	Arranging to meet friends and understanding entertainment advertisements: page 86
Wir laden Sie herzlichst ein	Writing and replying to invitations: page 90
Smalltalk	Talking about topics of general interest: page 92

Wichtige Ausdrücke	Expressing opinions: page 87 Expressions of time: page 87 General questions: page 92

Summary of language forms	Personal and interrogative pronouns and prepositions ● *Wo, wohin* and *woher*

Was machen wir morgen abend?

1 Eine informelle Einladung

Zwei Kollegen besprechen, was sie am Wochenende unternehmen können.

Dieter: Hast du fürs Wochenende etwas vor?
Petra: Nein, gar nichts.
Dieter: Hättest du Lust, mit uns morgen abend auszugehen?
Petra: Wohin denn?
Dieter: Ins Kino zum Beispiel.
Petra: Danke, aber ins Kino habe ich keine Lust.
Dieter: Wir könnten ins Konzert gehen.
Petra: Das wäre schön. Was steht auf dem Programm?
Dieter: Musik von Beethoven und Strauß mit Kurt Masur als Dirigent.
Petra: Danach könnten wir noch etwas essen gehen.
Dieter: Prima, ich freue mich schon darauf.

Petra:	Wo soll ich euch treffen?
Dieter:	Weißt du, wo die Konzerthalle ist?
Petra:	Ja sicher.
Dieter:	Wir treffen dich um halb acht am Eingang.
Petra:	Gut, bis morgen.
Dieter:	Tschüs.
Petra:	Tschüs.

Jahrhunderthalle in Höchst

Wichtige Ausdrücke

Das finde ich sehr/höchst (un)interessant.
Das gefällt mir sehr gut/überhaupt nicht.
Dazu habe ich keine Lust.
Das wäre nicht (so) gut.
Das Essen schmeckt wunderbar/furchtbar.
Das würde sehr viel/überhaupt keinen Spaß machen.
Solche Musik höre ich (nicht) gern.
heute
heute nachmittag/abend
morgen
morgen früh
übermorgen
am Samstag
am Wochenende
morgens
nachmittags
abends
nachts

2 Machen Sie mit einem/einer Partner/in Vorschläge und antworten Sie.

    Beispiel: ● Gehen wir heute abend ins Theater?
                ■ Ja, das wäre eine gute Idee.

3 Your boss is planning a business trip to Munich from 11–15 December and has asked you to select some possible leisure activities. Evenings will in the main be free and the final afternoon may also be free if business is completed by then. Suggest some suitable activities from the following advertisements.

a) Your boss is Tom Newman. He enjoys eating foreign food and likes most types of music, including jazz and classical. He takes an interest in football, both as a player and spectator.

b) Your boss is Isabel Heaton. She speaks good German. While in Munich she would like to see some architecturally interesting buildings, and is also interested in art. She likes going to the theatre and opera, and enjoys German food. She would also like to find time for a swim.

c) Imagine you are going on a similar trip yourself. Plan how you would spend your free time. Tell the rest of the group about your plans.

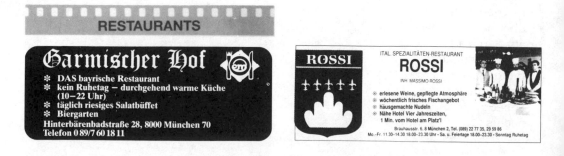

RESTAURANTS

Garmischer Hof
* DAS bayrische Restaurant
* kein Ruhetag – durchgehend warme Küche (10–22 Uhr)
* täglich riesiges Salatbüffet
* Biergarten
Hinterbärenbadstraße 28, 8000 München 70
Telefon 0 89/7 60 18 11

ROSSI

ITAL. SPEZIALITÄTEN-RESTAURANT
ROSSI
INH. MASSIMO ROSSI
* erlesene Weine, gepflegte Atmosphäre
* wöchentlich frisches Fischangebot
* hausgemachte Nudeln
* Nähe Hotel Vier Jahreszeiten,
  1 Min. vom Hotel am Platz'l
Brauhausstr. 6, 8 München 2, Tel. (089) 22 77 35, 29 59 86
Mo.-Fr. 11.30–14.30 18.00–23.30 Uhr · Sa. u. Feiertage 18.00–23.30 · Sonntag Ruhetag

THEATERPROGRAMM

11.12.	Lohengrin	18.00 Uhr
12.12.	Don Giovanni von W. A. Mozart	19.00 Uhr
13.12.	Die lustigen Weiber von Windsor	19.00 Uhr
14.12.	Don Giovanni	19.00 Uhr
15.12.	Aida	19.00 Uhr

Schauspielhaus
Hildegardstr. 1, 8000 München 22, Tel. 23 72 10

11.12.	Der Theatermacher von Thomas Bernhard	20.00 Uhr
12.12.	John Gabriel Borkman	20.00 Uhr
13.12.	Die Frau vom Meer	19.30 Uhr
14.12.	Und Pippa tanzt	19.30 Uhr
15.12.	Die Frau vom Meer	19.30 Uhr

SEHENSWÜRDIGKEITEN

Blutenburg,
Pippinger-/Verdistraße, Schloßkapelle, Jugendbibliothek, Konzerte, S-Bahn Obermenzing, Bus 73, tägl. 9.00–17.00 Uhr.

Neues Rathaus,
Marienplatz, neugotischer Bau, die prunkvolle Architektur ist von Georg v. Hauberisser. Die Hauptfassade zeigt bay. Könige, Kurfürsten, Fürsten und Münchner Originale. Täglich 11.00 Uhr Glockenspiel und Schäfflertanz vom Rathausturm.

KULTUR

Deutsches Museum Ludwigsbrücke
1903 von Oskar von Miller gegründet, ist das bedeutendste Museum für Technik und Naturwissenschaften;
täglich von 9.00–17.00 Uhr, S-Bahn

Haus der Kunst Prinzregentenstraße 1
Kunstausstellungen;
tägl. 9.30–18.00 Uhr, Donnerstag 9.30–21.00 Uhr, Bus 53,55

MÜNCHNER OLYMPIA-PARK

Olympiastadion
Samstag, 2. Dezember
FC Bayern – Borussia Mönchengladbach 15.30 Uhr

Dienstag/Mittwoch, 12./13. Dezember
DFP-Pokal möglich, Einzelheiten siehe Tagespresse 20.00 Uhr

Samstag, 16. Dezember
FC Bayern – Karlsruher SC 15.30 Uhr

MÜNCHNER OLYMPIAPARK GMBH

Olympia-Schwimmhalle
Öffnungszeiten:
Montag, 10.00–22.30 Uhr
Dienstag, Donnerstag, 7.00–18.00 Uhr
Mittwoch, Freitag–Sonntag, 7.00–22.30 Uhr
Die Olympia-Schwimmhalle ist am 24. u. 31.12. bis 16.00 Uhr und an den übrigen Feiertagen zu den üblichen Zeiten geöffnet.

VERANSTALTUNGEN

09.12.	**Alpenländisches Adventsingen,**
	L. Thoma: "Heilige Nacht" m. Toni Berger, Herkulessaal Residenz (15 Uhr)
	Ungarische Tanzfolklore, Theater in der Leopoldstraße
10.12.	**Bell'Arte Weihnachtliche Barockmusik,** Philharmonie im Gasteig (15 Uhr)
	Weihnachtssingen des Münchner Motettenchores, Matthäuskirche
	Familienweihnachtssingen mit Caroline Reiber, Markuskirche
11.12.	**Daniel Barenbolm** (Klavier), Philharmonie im Gasteig
	Ten Years After, Kongreßsaal des Deutschen Museums
12.12.	**J. S. Bach: Weihnachtsoratorium, 1. Teil,** Philharmonie im Gasteig
13.12.	**J. S. Bach: Weihnachtsoratorium, 2. Teil,** Philharmonie im Gasteig
13.12.–16.12.	**5. Münchner Big Band Meeting,** Carl-Orff-Saal im Gasteig
14.12.	**Alexej Sultanow** (Klavier), Herkulessaal der Residenz
	Salzburger Kammerorchester, Max-Joseph-Saal, Residenz
15.12.	**Weihnachtskonzert,** Städt. Galerie im Lenbachhaus
	Orgelmusik zum Advent, K. Köppelmann, Erlöserkirche

4 Rollenspiel

Person A: Ein/e deutschsprachige/r Besucher/in verbringt einige Zeit bei Ihrer Firma. Fragen Sie ihn/sie, ob er/sie für heute abend etwas vorhat. Wenn nicht, laden Sie ihn/sie ein. Besprechen Sie, was Sie unternehmen können, und wo Sie sich am besten treffen.

Person B: Übernehmen Sie die Rolle des/der deutschen Besuchers/Besucherin. Nehmen Sie die Einladung Ihres/Ihrer englischen Kollegen/Kollegin an, und äußern Sie sich zu seinen/ihren Vorschlägen.

Wir laden Sie herzlichst ein

5 Formelle Einladungen

> Die Firma Maschinen Neumann lädt Sie zu einer Präsentation ihrer neuesten Personal-Computer am Dienstag, dem 11. April, um 12.00 ein. Erfrischungen werden gereicht.
>
> Burgstraße 19
> 3000 Hannover 1

Wir danken Ihnen für Ihre Einladung zur Präsentation Ihrer Personal-Computer. Unsere Mitarbeiterin, Frau B. Rademacher, wird unsere Firma vertreten.

Nagel KG
Rote Reihe 10
3000 HANNOVER 1

> Schuhmann AG
> Am Rheinufer 91
> 5000 Köln 1
>
> Anläßlich der Eröffnung unserer neuen Büroräume laden wir ein:
>
> Herrn A. Müller und Kollegen
> Donnerstag, den 18. Oktober, 17.00 Uhr
>
> Erfrischungen

Herr A. Müller dankt für die Einladung am 18. Oktober. Leider ist er geschäftlich verhindert. Eventuell wird einer seiner Kollegen zu Ihrer Eröffnung kommen. Näheres teilen wir Ihnen telefonisch mit.

Thomas Wegener & Co.
Hohe Straße 87
5000 KÖLN 1

6 Schreiben Sie eine Einladung an einen Kunden/eine Kundin:

a) Weisen Sie auf Ihren Messestand hin. Ihre Waren sind dort zu besichtigen. Erfrischungen werden gereicht.

b) Zu einem festlichen Essen in einem Verlag anläßlich des Erscheinens eines Buches.

c) Zu einer Veranstaltung der Firma oder Organisation, bei der Sie arbeiten.

Machen Sie alle nötigen Angaben über Datum, Zeitpunkt, Ort usw. Geben Sie Ihre Einladung an eine/n Partner/in, und bitten Sie ihn/sie um eine schriftliche Antwort.

7 While working in the Cologne area you decide to take time off and visit friends in Hamburg. One of your colleagues who does not speak very good German, wonders whether to accompany you and spend the day sightseeing. Give him the gist of what there is to see and do in Hamburg.

Ein neues Angebot

für alle, die an einem Tag Ansichten einer Stadt sammeln möchten. Und das für einen Preis, den man sich zwischendurch leisten kann.

Sie erhalten „viel für's Geld", und die vielseitigen Eindrücke werden Sie so schnell nicht vergessen. Ob Shopping am langen Samstag, Besuch von Museen oder anderen Ausstellungen. Mit unserer Reiseleitung ab Köln, einer Stadt- oder Hafenrundfahrt, tragen wir zu Ihrem Erfolgserlebnis bei, und nun sollten Sie ganz einfach mal unser Angebot testen.

Allgemeines

Eine Mitfahrt ist nur **mit** Platzreservierung möglich. Deshalb ist eine rechtzeitige Anmeldung erforderlich. Mindestteilnehmerzahl 30 Personen.

Unsere **Fahrkartenausgaben** und  *Agenturen* geben gern weitere Auskunft.

Preise

Der Reisepreis „nördlich" gilt für alle Einsteigebahnhöfe, einschließlich Köln, nördlich von Köln und einschließlich der Strecken 440 (Köln–Aachen) und 415 (Köln–Gummersbach).

Für alle übrigen Einsteigebahnhöfe gilt der „südliche" Reisepreis.

Die Reisepreise gelten jedoch nur von allen Einsteigebahnhöfen im Bezirk der Bundesbahndirektion Köln.

Eine Fahrpreisermäßigung für Kinder wird nicht gewährt.

Veranstalter

Bundesbahndirektion Köln

DB-Citytouren   Reise-Nr. R 15 25 006

Hamburg
Zielbahnhof: Hamburg

In kaum einer anderen Stadt der Bundesrepublik ist so viel und vielseitig zu erleben wie in Hamburg. Ob Theater, Film, Oper, Ballett und Konzerte, in der Hansestadt finden Kunstfreunde Weltklasse. Hier läßt sich einkaufen, was das Herz begehrt, und das zu vernünftigen Preisen. Hier kann man essen wie Gott in Frankreich, aber nicht nur französisch, sondern nach den Rezepten von Köchen aller Kontinente, nicht zu vergessen die Original-Hamburger-Küche. Der Besucher hat die Auswahl unter Hunderten verschiedener Bierhäuser, Weinkneipen, Musikclubs und Diskotheken.

Hamburg hat den Hafen mit einer Brise Meeresluft, St. Pauli, wo alles möglich ist, und ist mit dem Charme seiner Bauwerke und seiner Parks für viele eine der schönsten Städte der Welt. Was braucht man mehr?

Termine:

6. September (Mittwoch)
13. September (Mittwoch)
20. September (Mittwoch)
27. September (Mittwoch)

Reiseverbindungen:

Hinfahrt: IC 635
Rückfahrt: IC 632

Anschlußfahrten zu den Haltebahnhöfen der IC im Bereich der Bundesbahndirektion Köln mit fahrplanmäßigen Zügen.

Es dürfen nur die für die Hin- bzw. Rückfahrt genannten InterCity benutzt werden.

Leistungen:

Bahnreise 2. Klasse, Platzreservierung, Reiseleitung, Reiseversicherung, Hafenrundfahrt.

Reisepreis (pro Person):

nördlich von Köln   **58,– DM**
südlich von Köln   **64,– DM**

Smalltalk

Wichtige Ausdrücke

Wie heißen Sie mit Vornamen?
Bei welchem Unternehmen arbeiten Sie?
Wie gefällt es Ihnen hier?
Wie lange sind Sie schon hier?
Wo wohnen Sie eigentlich?
Woher kommen Sie?
Was für ein Ort ist das?
Was sind Sie von Beruf?
Wofür interessieren Sie sich?

8 Rollenspiel

Sie sind auf einer Veranstaltung und sprechen gerade mit einem anderen Gast (einem/einer Partner/in). Sie unterhalten sich über Ihre Arbeit, Ihre Firma/Organisation, Ihren Wohnort, Ihre Hobbys usw.

9 Sie erwarten aus Deutschland Besuch. Vorher schreiben Sie in einem Brief an die Gäste über Sehenswürdigkeiten Ihrer Stadt und der Umgebung.

10 Hörverständnis

While in Germany on business you have some time to spare and ring the tourist office for information on places of interest. The response to your call consists of a pre recorded message. Listen to the message, then answer the questions below in English.

a) Where is the tourist information office?

b) At what times is it open to the public?

c) What does the message say about the theatre and the cinemas?

d) Name four places of interest to sportsmen and women.

e) Are there many places for those interested in history to visit?

f) What is recommended for families in particular?

Summary of language forms

---

1 a) Personal pronouns and prepositions

A pronoun and preposition often merge to form a new word if they stand next to each other. In each case the pronoun is substituted by *da(r)* and is immediately followed by the preposition concerned.

Nach dem Konzert könnten wir noch essen gehen.

Danach könnten wir essen gehen.

Ich freue mich auf den Abend.

Ich freue mich *darauf*.

b) Interrogative pronouns and prepositions

The *da(r)/wo(r)* and preposition construction is used for things, not people.

Womit schreiben Sie? Mit einem Bleistift.

Woran denken Sie? An meinen Urlaub.

Mit wem gehen Sie ins Kino? Mit meinem Kollegen.

An wen denken Sie? An meine Freundin.

2 Interrogatives

a) *Wo, wohin* and *woher*

Wohin always implies movement away from the speaker. *Woher* implies movement towards the speaker. *Wo* does not imply movement at all.

Hättest du Lust, mit uns morgen auszugehen? *Wohin* denn?

Woher kommen Sie?

Wo soll ich euch treffen?

Additional exercises

1 Replace the nouns in italics by the prepositional form.

Example Ich freue mich auf *Ihren Besuch*.
           Ich freue mich *darauf*.

a) Was steht auf *dem Programm?*

b) Er fragt nach *dem neuen Buch*.

c) Wir laden Sie zu *unserer Präsentation* ein.

d) Sie bekommen sehr viel für *Ihr Geld*.

e) Ich bin mit *den Waren* zufrieden.

2 Complete the following sentences with *wo, woher* or *wohin*.

a) _____ kommen Sie?

b) _____ wohnen Sie?

c) _____ gehen wir heute abend?

d) _____ schicken wir diesen Brief?

e) _____ haben Sie diese Information?

f) _____ treffen wir uns?

Telefon, Fernschreiben, Telefax und Bildschirmtext

Am Telefon	Expressing appropriate responses: page 95
Per Fernschreiben, Telefax oder Bildschirmtext	Sending and receiving messages by other communications systems: page 103
Wichtige Ausdrücke	Parts of a telephone: page 95
	Expressions relating to phone calls: page 96
	Telex abbreviations: page 103
Summary of language forms	*Sein* followed by the infinitive ● *Um. . . zu* ● *Anstatt* and infinitive ● Reflexive pronouns in the accusative and dative

Am Telefon

Wichtige Ausdrücke

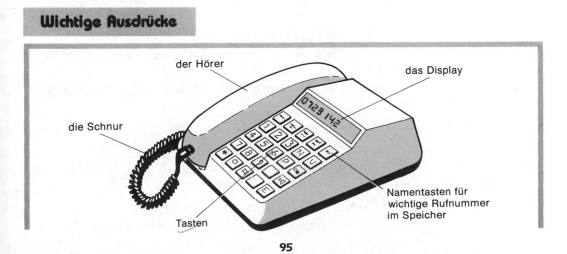

der Hörer

das Display

die Schnur

Namentasten für wichtige Rufnummer im Speicher

Tasten

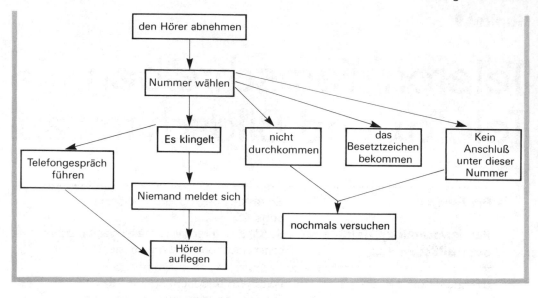

1   Die Firma Schüller AG bekommt jeden Tag sehr viele Anrufe.

Telefonist: Schüller AG. Guten Tag.
Koch: Guten Tag. Kann ich bitte Herrn Schneider sprechen?
Telefonist: Moment bitte. Ich verbinde.
Schneider: Schneider.
Koch: Guten Tag Herr Schneider. Koch von der Firma Lohmann.

Jaeger: Grüß Gott. Ich möchte bitte Frau Meyer sprechen.
Meyer: Am Apparat.
Jaeger: Ach, Frau Meyer. Hier Jaeger.
Meyer: Grüß Gott, Herr Jaeger. Wie geht es Ihnen?
Jaeger: Danke gut. Und Ihnen?
Meyer: Mir geht's auch gut.

Reinsch: Guten Tag. Kann ich bitte Frau Schäfer sprechen?
Telefonistin: Tut mir leid, sie ist im Moment nicht hier. Kann ich ihr etwas
               ausrichten?
Reinsch: Ich glaube nicht. Am besten rufe ich später zurück. Wann ist sie zu
               erreichen?
Telefonistin: Heute nachmittag ist sie wieder da.

2   You phone a German company and get through to the switchboard. What do you say
in German?

Telefonistin: Maschinenbau Klein, guten Tag.
Sie: (Greet the telephonist and ask to speak to Herr Klein.)

Telefonistin:	Tut mir leid. Er ist heute nicht im Hause. Kann ich ihm irgend etwas ausrichten?
Sie:	(Ask when he will be available.)
Telefonistin:	Morgen früh erst.
Sie:	(Say you will ring back tomorrow morning.)
Telefonistin:	Normalerweise ist er ab 8.00 Uhr hier.
Sie:	(Thank the telephonist for her help, and say good-bye.)

3

Bauer:	Bauer, Vorzimmer Dr. Kramer.
Pielke:	Ach, ich wollte eigentlich Frau Walther sprechen.
Bauer:	Sie sind falsch verbunden. Ich verbinde Sie wieder mit der Zentrale. Bleiben Sie am Apparat.

Henkel:	Henkel.
Rohr:	Entschuldigung. Ist das 49 50 23?
Henkel:	Nein, hier ist 49 60 23.
Rohr:	Oh, das tut mir leid.
Henkel:	Das macht nichts. Auf Wiederhören.

Springer:	Guten Tag. Kann ich bitte Herrn Müller sprechen?
Scherling:	Er ist unter einer anderen Nummer zu erreichen. Moment, ich verbinde Sie weiter.

. . . Kein Anschluß unter dieser Nummer.

. . . Die Rufnummer des Teilnehmers hat sich geändert. Die neue Nummer ist 24 58 73.

4 The telephonist at your company puts a call from a German company through to you. What do you say in German?

Hagemann: Guten Tag, hier Hagemann. Kann ich bitte Frau Thompson sprechen?
Sie: (Tell Herr Hagemann that your colleague, Mrs Thompson, is not available at present. Offer to give her a message.)
Hagemann: Danke, aber ich muß sie selbst sprechen. Wann ist sie wieder da?
Sie: (Say this afternoon from 2 o'clock onwards.)
Hagemann: Dann rufe ich später zurück. Kann ich auch Herrn Winters sprechen?
Sie: (Offer to put the caller through. Ask him to wait a moment.)

5 Ein Gespräch am Telefon

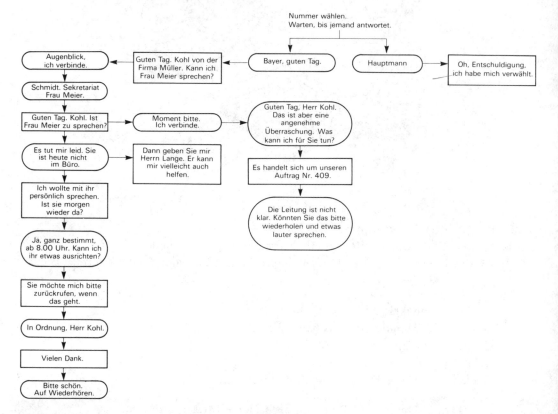

Find the German equivalent of the following:

a) Can I speak to Frau Meyer?
b) I am sorry, I have got the wrong number.
c) I wanted to speak to her personally.
d) I am sorry, she is not in the office today.
e) Could you get her to ring me back, please.
f) What a pleasant surprise.
g) Could you repeat that please.
h) Can you give her a message?
i) What can I do for you?
j) Could you speak a bit louder?

6 Frau Klein ist heute nicht zu sprechen. Finden Sie für jeden Satz das passende Bild.

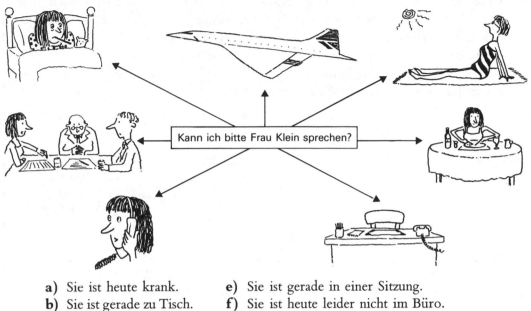

Kann ich bitte Frau Klein sprechen?

a) Sie ist heute krank.

b) Sie ist gerade zu Tisch.

c) Sie ist im Urlaub.

d) Sie telefoniert gerade.

e) Sie ist gerade in einer Sitzung.

f) Sie ist heute leider nicht im Büro.

g) Sie ist verreist.

7 Rollenspiele

a) **Person A:** You phone a German company and ask to speak to Frau Graf. You are told that she is not there, so you decide to ring back later. Ask when she will be available.

Person B: Take the part of a telephonist at a German company. An English caller asks to speak to Frau Graf. Tell the caller she is not available at present, and offer to pass on a message. Say she will be back at 11.30.

b) **Person A:** You make a call to a company in southern Germany, but find that you have been put through to the wrong extension.

Person B: You receive a wrongly directed call, intended for one of your colleagues. Tell the caller he/she has the wrong extension and offer to transfer him/her to the correct extension. Ask him/her to wait a moment.

c) **Person A:** You make a call to Germany but find you have got the wrong number. Apologise for your error.

Person B: You receive a call not intended for you. Tell the caller he/she must have dialled the wrong number.

Information

Wenn man eine Telefonnummer braucht, sieht man im Telefonbuch nach. Für ausländische Rufnummern sieht man in einem ausländischen Verzeichnis nach, oder man ruft die Internationale Auskunft an (Tel. 153). Ausländische Nummern bestehen aus folgendem: internationale Vorwahl, Landesvorwahl, Ortsvorwahl, Teilnehmernummer, aber Vorsicht! Wenn vor der Ortsvorwahl eine 0 steht, müssen Sie sie weglassen, wenn Sie aus Großbritannien wählen.

	Vorwahl für Europa aus GB	*Vorwahl des jeweiligen Landes*	*Ortsvorwahl*
BRD	010	49	Berlin 30 München 89 · · ·
Schweiz	010	41	Zürich 1 · · ·
Österreich	010	43	Innsbruck 5222 Wien 222 · · ·
Luxemburg	010	352	keine Vorwahl

1993 soll die neue Bundesrepublik eine neue Vorwahl bekommen. Bis zu diesem Zeitpunkt sind die Vorwahlnummern wie bisher: 49 für die frühere BRD and 37 für die alte DDR.

8 Deutschsprachige Besucher bei Ihrer Firma müssen ihre Firma im Ausland unter folgenden Rufnummern anrufen.

Salzburg	010	43	6662
Bern	010	41	31
Luxemburg	010	352	–
Dresden	010	37	51
Kiel	010	49	431
Nürnberg	010	49	911

Beispiel   Um Nürnberg direkt anzuwählen, wählen Sie zuerst 010 49 für die Bundesrepublik, danach 911 für Nürnberg, und dann die Rufnummer. Wenn vor der Vorwahl eine 0 steht, müssen Sie diese weglassen.

Sagen Sie ihnen, wie man direkt wählt.

9 Sind Sie telefonisch zu erreichen?

Hören Sie sich die Kassette an, und schreiben Sie die Nummern auf.

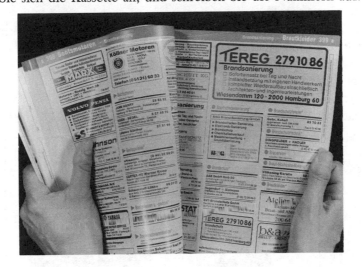

10 Beantworten Sie folgende Fragen.

a) Unter welcher Nummer sind Sie tagsüber zu erreichen?
b) Welche Telefonnummer hat Ihre Firma/Ihr Arbeitsplatz?
c) Was ist Ihre Privatnummer?

Können Sie das bitte buchstabieren?

d) Ihren Namen
e) Ihre Adresse
f) den Namen Ihrer Firma
g) die Adresse Ihrer Firma.

Suchen Sie eine deutsche Adresse, und diktieren Sie diese einem Partner oder der Gruppe.

11 A German-speaking visitor wishes to know how to operate a public telephone in Britain. In German, explain what he has to do, then write your instructions down. Also tell the visitor about ADC calls, international enquiries and telephone cards.

Nützliche Ausdrücke

- die Telefonzelle
- Münze einwerfen
- Telefonkarte einstecken
- Geld zurückbekommen
- das Auslandsgespräch

- die Auslandsauskunft
- Warten Sie, bis. . .
- der Signalton klingelt
- nicht gleich auflegen
- durchkommen

12   Below are some instructions for making international telephone calls.

Read the instructions, then answer the questions.

a) Where is it possible to phone from?

b) How do you get your money back if you have not used the full amount inserted?

c) What do you do with card-operated phones if you have dialled the wrong number or the number is engaged?

d) How do you obtain instructions in English?

e) Where can you buy telephone cards?

f) What two facilities does the German telephone network offer?

Rund ums Telefonieren . . . und mehr

Telefonieren können Sie von jedem Postamt oder von den vielen gelben Telefonhäuschen oder Telefonhauben aus. Natürlich auch in Ihrem Hotel; erkundigen Sie sich dort jedoch am besten vorher, welche Aufschläge zu den amtlichen Gebühren erhoben werden. Mit den abgebildeten Münz- und Kartentelefonen können Sie auch internationale Gespräche führen.

ⓐ   Münztelefon für Gespräche in alle Länder mit Selbstwählferndienst. Besetzt – verwählt? Eingeworfenen Münzbetrag beim ersten Gespräch nicht verbraucht? Kurz einhängen. Bei Gesprächen von Münztelefonen mit Tastenwahlblock neu wählen oder Wahlwiederholungstaste ⟲ drücken.
ⓑ   Kartentelefon für Gespräche in alle Länder mit Selbstwählferndienst. Karte einschieben und wählen. Besetzt – verwählt? Kurz einhängen, neu wählen oder Wahlwiederholungstaste ⟲ drücken.
Durch Drücken der Taste neben dem Display können Sie zwischen einer englischen, französischen oder deutschen Benutzerführung wählen. Karten für Gespräche von Kartentelefonen erhalten Sie für DM 12,– und DM 50,– bei allen Postämtern, aber auch z.B. in Tabakläden, Kiosken . . . mit diesem Zeichen s. ⓒ. Das Telefonnetz bei uns ist vollautomatisch. Das heißt, Sie können alle Inlandsverbindungen selbst wählen. Selbstwahl ist auch nach über 180 anderen Ländern möglich.

Ihr Ferngespräch nach Hause – wie das geht . . .

Eine Übersicht über alle Landeskennzahlen für den Selbstwählferndienst und die am häufigsten gebrauchten Ortsnetzkennzahlen finden Sie in einem kleinen gelben Büchlein, AVON genannt. Das gibt's bei jeder Post oder auch in Ihrem Hotel.

13   You have been asked to ring your German subsidiary company and pass on the following messages. You had not realised that it was a *Feiertag* (Bank Holiday), and have to leave your messages on the answering machine. Prepare what to say in German.

a) Ask Herr Lehmler to send a report of any discussion he has had with new customers.

b) Tell Frau Neumann that the Managing Director will be flying to Frankfurt on 20 May and staying for three nights. Ask her to reserve a single room with shower at the *Frankfurter Hof*.

c) Ask the sales department for their plans for the next six months.

14 Auf der Kassette sind drei Mitteilungen auf einem Anrufbeantworter. Hören Sie sich die Kassette an, dann fassen Sie die Mitteilungen schriftlich zusammen.

Per Fernschreiben, Telefax oder Bildschirmtext

Information

Alle großen Firmen und auch viele kleine benutzen jetzt Telefax. Schreiben per Telefax gehen schneller und sind billiger und einfacher als Fernschreiben oder Telefon. Der große Vorteil davon ist, daß man ganze Manuskripte, Briefe, Zeichnungen usw, durchgeben kann. Anstatt einige Tage warten zu müssen, bekommt man zum Beispiel eine Skizze, einen Plan, eine Spezifikation, einen Auftrag innerhalb von Minuten. Die Anzahl von Telefax-Geräten in Osteuropa ist noch relativ gering, steigt aber ständig. Dort schickt man noch sehr viel per Fernschreiben. In den osteuropäischen Ländern ist Deutsch eine sehr wichtige Sprache, besonders zwischen Lieferanten und Kunden für die Übertragung von Lieferbedingungen, Zollabfertigungspapieren, Verschiffungsanweisungen usw. In dieser Hinsicht ist Deutsch eine fast internationale Sprache.

Wichtige Abkürzungen

Betr.	Betreff or betrifft	mfg	mit freundlichen Grüßen
btto.	brutto	MwSt	Mehrwertsteuer
ca.	circa	Nr.	Nummer
Fa.	Firma	tlx	Telex
fs.	Fernschreiben	u.a.	unter anderem
gem.	gemäß	usw.	und so weiter
gez.	gezeichnet	z.B.	zum Beispiel
i. A.	im Auftrag	z.Hd.	zu Händen
lt.	laut	zuz.	zuzüglich
Kto.	Konto	z.Z.	zur Zeit

15 Read the list of abbreviations and the two telexes below. Make a note of how to begin and end telex messages, then give a summary in English of the content of the telexes.

FS 8435   6.7.90.
Z. HD. HERRN J SCHROEDER

BETR.: IHRE ANFRAGE NR54 UNSERE OFFERTE NR902

WIR BIETEN IHNEN FOLGENDES AN:
200 WEIHNACHTSKUCHEN
GEWICHT: BTTO 2.5 KG
PREIS £8.50 PRO STUECK
GESAMTPREIS: £1700.00 ZUZ. VERP.
LIEFERUNG: ENDE OKT
ZAHLUNG: ANF. DEZ. D. H. INNERHALB 6 WOCHEN

MFG
CLARKE

FS 1692 15.4.90.
Z. HD. FRAU I SCHNEIDER

LT UNSEREN UNTERLAGEN IST UNSERE RECHNUNG NR.
753 NOCH UNBEZAHLT.
BITTEN UM ZAHLUNG AUF UNSER KTO BIS ANF. JAN.

MFG
SCHNEIDER

---

16 An der Seite gegenüber sehen Sie einen Text aus dem offiziellen Telefonprogramm der Post. Es handelt sich um den Bildschirmtext, d.h. Information, die von einer Datenbank innerhalb des Fernmeldeamtes telefonisch abrufbar ist, und dann als Text auf dem häuslichen Bildschirmtext erscheint.

a) Welche Informationsbeispiele stehen im Text?

b) Hätten Sie gern so ein *MultiTel*-Gerät? Warum (nicht)? Diskutieren Sie.

Nützliche Ausdrücke
- Meiner Meinung nach. . .
- Es kommt darauf an, ob. . .
- im großen und ganzen. . .

- Zeit/Geld sparen/verschwenden
- viel Geld kosten
- nützliche/nutzlose Information
- am Arbeitsplatz
- zu Hause
- praktisch/wichtig/unwichtig sein
- kaum/oft benutzen

Bildschirmtext (Btx) Eine einfache Möglichkeit, über alles Wissenswerte stets bestens im Bilde zu sein. Denn Börsenkurse, Fahr- und Flugpläne und unzählige sonstige Informationen können Sie im Nu von zu Hause abrufen. Oder aber, Sie führen nach Schalterschluß oder am Wochenende (sofern Sie ein Postgirokonto haben oder Ihre Bank bereits an Btx angeschlossen ist) Ihre Überweisungen aus. Und werfen bei dieser Gelegenheit mal einen Zwischenblick darauf, was Sie so auf der hohen Kante haben. Vielleicht möchten Sie ja am selben Tag noch zu einem kleinen Einkaufsbummel durchs weit entfernte Versand-Warenhaus starten. Mit Btx alles kein Problem. Über die vielfältigen Nutzungsmöglichkeiten von Btx und die komfortablen *MultiTel*-Geräte berät man Sie gern im *Telefonladen* oder *Telefonmobil* der Post.

Information

Öffentliche Bildschirmtext-Terminals findet man jetzt in vielen IC-Bahnhöfen. Die Bundesbahn bietet unter anderem Fahrplanauskünfte und Bestellmöglichkeiten für Fahrkarten, Information über Zuschläge, Platzkarten, Mietwagen, Taxis, Zimmerreservierungen in InterCity-Hotels und Parkplätze an Bahnhöfen. Die Informationen der Deutschen Bundesbahn sind unter der Nummer *25800 # abrufbar.

```
Rhein-Ruhr Flughafen Duesseldorf                    Verkehrsverbund Rhein-Ruhr VRR

          Naechste Verbindungen nach Essen Hbf

Zeit dieser Auskunft  :       12.51   (Mittwoch  , 21. 2.1990)
```

		S-Bahn S7	S-Bahn S7	S-Bahn S7	S-Bahn S7
Duesseldorf-Flughafen	ab	13.03	13.23	13.45	14.03
Essen Hbf	an	13.47	14.07	14.27	14.55
Umsteigen		D-Unterrath	D-Unterrath	D-Unterrath	D-Derendorf
Fahrpreis	2. Klasse	7,50 DM	7,50 DM	7,50 DM	7,50 DM

```
Alle Angaben ohne Gewaehr. Wir wuenschen eine gute Reise !
```

Bildschirmtext-Info

ein Bildschirmtext-Terminal am Bahnhof

Summary of language forms

1 Some uses of the infinitive with *zu*

a) *Sein* followed by the infinitive

When the infinitive of a transitive verb is used after *sein*, it often has a passive meaning.

Er ist im Moment nicht zu finden.

Sie ist im Moment nicht zu sprechen.

Sie sind nicht zu erreichen.

b) *Um. . . zu* followed by the infinitive

This construction expresses purpose (in order to).

Um Nürnberg direkt anzurufen, wählen Sie zuerst 010 49.

c) *Anstatt* followed by the infinitive

The English 'ing' construction is expressed by the infinitive in German.

Anstatt einige Tage warten zu müssen, bekommt man einen Auftrag innerhalb von Minuten.

Note that the same construction is used with *ohne*.

Ohne länger zu warten, legte der Kunde den Hörer auf.

2 **Reflexive pronouns in the accusative and dative**

Reflexive pronouns go in the accusative if the subject and direct object refer to the same person or thing.

Als Geschäftsmann (*subject*) interessiere ich mich (*direct object*) für die City.

Forms:

ich interessiere *mich*	wir interessieren *uns*
du interessierst *dich*	ihr interessiert *euch*
Sie interessieren *sich*	Sie interessieren *sich*
er ⎫	
sie ⎬ interessiert *sich*	sie interessieren *sich*
es ⎭	

They go in the dative if the reflexive pronoun does not refer to the direct object.

Hören Sie (*subject*) sich die Kassette (*direct object*) an.

Forms:

ich höre es *mir* an	wir hören es *uns* an
du hörst es *dir* an	ihr hört es *euch* an
Sie hören es *sich* an	Sie hören es *sich* an
er ⎫	
sie ⎬ hört es *sich* an	sie hören es *sich* an
es ⎭	

Additional exercises

1 Rephrase the following sentences using an infinitive construction.

Example   Ich kann meinen Chef im Moment nicht finden.
            Mein Chef ist im Moment nicht zu finden.

a) Heute können Sie Herrn Schäfer nicht sprechen.
b) Die Nummer kann man im Telefonverzeichnis finden.
c) Sie können Herrn Hauptmann unter einer anderen Nummer erreichen.
d) So viel Arbeit erwarteten sie nicht.
e) Das kann ich heute nicht machen.
f) Das glaube ich nicht.

2 Rephrase the following sentences using the construction *ohne* followed by the infinitive.

Example   Er wollte nicht länger warten und legte den Hörer auf.
            Ohne länger zu warten, legte er den Hörer auf.

a) Die Sekretärin wollte nicht aufs Tonband sprechen und legte den Hörer auf.
b) Man muß nicht warten. Man bekommt eine Fahrkarte innerhalb von Sekunden.
c) Mann kann anrufen oder ein Fax bzw. Fernschreiben schicken.
d) Ich muß im Telefonverzeichnis suchen, sonst kann ich diese Firma nicht anrufen.
e) Sie brauchen nicht mit der Zentrale sprechen. Sie können direkt wählen.
f) Man unterbreitet manchmal Angebote und bekommt dafür keinen Auftrag.

Kapitel 10

Schriftverkehr

Wie ist Ihre Anschrift?

Information

Umschläge

Empfänger
Adresse
Postleitzahl

Frau Petra Steinert
Am Bahnhof 94
4000 Düsseldorf 1

Absender

Abs. A. Becker, Münchner Straße 30, 5000 Köln 1

Herrn Dr. J. Klehm
Klehm-Export GmbH
Postfach 445
8000 München 4

Fa. Mechanik-Wolfgang
z.Hd. Frau Dipl.-Ing. I. Klinsmann
Postfach 926
Dresden 8012

NB   Für Briefe ins Ausland kommt immer vor der Postleitzahl ein Kennbuchstabe für das Land:

D für die Bundesrepublik, CH für die Schweiz, A für Österreich, L für Luxemburg.

1   The following words are often printed or stuck on envelopes. Match each German phrase to its English equivalent.

a) Private and confidential
b) Express post
c) Airmail
d) Printed matter
e) Registered mail
f) If undelivered return to sender

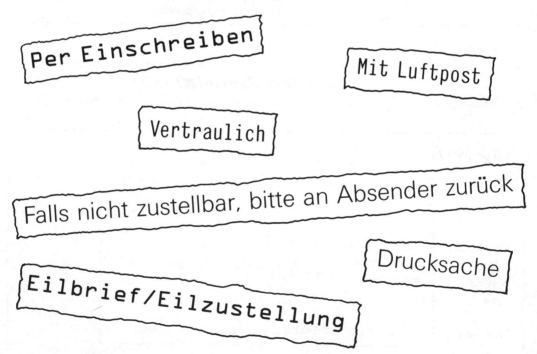

Per Einschreiben

Mit Luftpost

Vertraulich

Falls nicht zustellbar, bitte an Absender zurück

Drucksache

Eilbrief/Eilzustellung

Das Datum

Information

Am Anfang eines Briefes schreibt man das Datum wie folgt: 07.01.1989 bzw. 7. Januar 1989 oft auch mit Ortsnamen, z.B. Kassel, 10.11.1990.

Im Text schreibt man das Datum wie folgt:
Wir danken Ihnen für Ihr Schreiben vom 20.7.
Wir nehmen Bezug auf Ihr Schreiben vom 20. Juli.
Wir beziehen uns auf Ihr Schreiben vom 20. d.M. (dieses Monats).
Ich fliege am fünften August in die Schweiz.
Am 11. Februar ist wegen Karneval Ruhetag.
Vom 1.8. bis zum 5.8. haben wir Betriebsferien.
Ab 19. August bekommen wir eine neue Telefonnummer.

2 Übersetzen Sie folgende Sätze ins Deutsche.

a) We refer to our letter of 10 July.

b) We are going to Bonn on 15 March.

c) On 1 May we have a public holiday.

d) As agreed in our telephone conversation of 21 October, we shall fly to Salzburg on 2 November.

e) From 1 February until 30 April I worked in Berlin.

Geschäftsbriefe

3 Name und Adresse
des Senders
(Briefkopf)

> **Duisburger Stahlwerke GmbH**
> **Nordstraße 1–15**
> **Postfach 24 51 93**
> **4100 Duisburg 1**
> **Tel: (0203) 70 00 76**

Adresse des
Empfängers

Österreichische Feinmechanik GmbH
Ringstr. 5
A-Salzburg

Zeichen und
Datum

Unser Zeichen	Ihr Zeichen	Bonn, 15.6.90
76 DR/sj	539 JK/en	

Betreff

Betr.: Ihre Anfrage

Sehr geehrte Herren,

wir danken Ihnen für Ihren Brief vom 11. Juni. Wir sind gern bereit, Ihnen einige Muster zu übersenden und fügen diesem Brief unsere neueste Preisliste bei. Wenn Sie weitere Fragen haben sollten, setzen Sie sich bitte mit uns in Verbindung.

Inhalt des
Briefes

Wir danken für Ihr Schreiben vom 21. Mai und bedauern, daß wir es noch nicht beantwortet haben. Wir hatten aber zu dem Zeitpunkt noch nicht unsere neue Preisliste erhalten.

Wir hoffen sehr, daß unsere Preisliste für Sie von Interesse ist, und verbleiben

Mit freundlichen Grüßen

i.V.

P Gossner
Anl.

Anlage

4 You have been given some letters to write to German-speaking countries. Using the following postcodes, work out the correct addresses for the people below.

2800 Bremen   6800 Mannheim   4012 Basel   1026 Berlin

a) Frau Ingrid Schäfer at Fischer AG in Bremen, Postfach 396.
b) Mannheimer Transport GmbH for the attention of Dr. Jochen Schneider. Their offices are at No. 23 on the Rheinallee in Mannheim.

   c) Schweizer Fotoapparate situated at No. 15 Zürcherstr. in Basel.

   d) Linke-Stahlwerke, for the attention of Frau M Kich, at No. 20 Dresdenerstr. in Berlin.

Wichtige Ausdrücke

Am Anfang eines Briefes:
Sehr geehrte Damen und Herren!
Sehr geehrte Herren,
Sehr geehrter Herr Schmidt,
Sehr geehrte Frau Dr. Schmidt,
Sehr geehrter Herr Braun, sehr geehrte Frau Braun,

Am Ende:
Hochachtungsvoll
Mit vorzüglicher Hochachtung } sehr formell/immer seltener
Mit freundlichem Gruß
Mit freundlichen Grüßen } weniger formell/heute auch formell

Etwas bestätigen:
Ihren Brief vom ersten April haben wir gestern erhalten.
In Bezugnahme auf Ihr Schreiben möchten wir erwähnen, daß. . .
Wir bestätigen hiermit den Erhalt Ihres Schreibens.
Wir sind mit Ihrem Vorschlag einverstanden.

Sich auf einen Anruf beziehen:
Wir nehmen Bezug auf unser gestriges Telefongespräch. . .
Wie am Telefon vereinbart,. . .

Sich bedanken:
Wir bedanken uns für Ihr Schreiben.
Wir danken Ihnen für Ihren Brief.
Für Ihre Hilfe danken wir im voraus.
Für Ihre Hilfe bin ich sehr dankbar.

Um etwas bitten:
Bitte schicken Sie uns (Ihre Broschüre). . .
Ich möchte bitte. . .
Wir hätten gern nähere Auskünfte. . .
Wir wären sehr dankbar, wenn Sie. . . . .
Für eine baldige Antwort wären wir Ihnen sehr dankbar.
Wir würden uns freuen, von Ihnen zu hören.

Etwas mitteilen:
Ich muß Ihnen leider mitteilen, daß wir bis Ende November nicht liefern können.
Wir möchten Ihnen mitteilen, daß. . .

Etwas beifügen:
Als Anlage schicken wir Ihnen. . .
Wir fügen Ihnen auch eine Kopie unseres letzten Briefes bei.
Wir legen Ihnen unsere Rechnung bei.
Bitte finden Sie eine Kopie unseres letzten Briefes anbei.

Sich entschuldigen:
Es tut uns leid, aber. . .
Wir bitten in dieser Sache um Ihr Verständnis.

Briefschluß:
Wir hoffen, Ihnen hiermit gedient zu haben, und verbleiben. . .
Wir freuen uns auf Ihre Antwort.
Wir erwarten Ihre Antwort mit großem Interesse.

5 Your boss has received the following letter. Translate it into English.

Sehr geehrter Herr Robson,

Betr.: Vertretung unserer Firma

wir beziehen uns auf unsere Besprechungen vom 17. März.
In der Zwischenzeit haben wir die Möglichkeit Ihrer
Einstellung weiterdiskutiert und möchten Sie jetzt einladen,
Ihre Arbeit als Vertreter für Großbritannien und Nordirland
ab 1. Oktober zu übernehmen.

Falls Sie sich noch für diese Arbeit interessieren, teilen Sie
uns das bitte sofort mit, damit wir weitere Vereinbarungen
treffen können. Unser Verkaufsleiter fliegt Anfang Oktober
nach England, um einige Kunden zu besuchen. Er möchte
möglichst bald einen Termin ausmachen, damit Sie ihn
eventuell auch begleiten können.

In Erwartung Ihrer Antwort verbleiben wir

Mit freundlichen Grüßen
Süddeutsche Exportgesellschaft mbH
Im Auftrag

Schiffke

6 You have to write some letters to German-speaking clients for your boss, Katherine Bailey.

a) You are writing to the sales director of a company following a telephone conversation with his secretary. Confirm that Mrs Bailey will be flying to Stuttgart on 14 March and spending three days in Germany. Say that the export manager will probably be accompanying Mrs Bailey as well.

b) You are writing to a customer to thank them for their letter of 10 May. Tell them that you are enclosing your brochure and price list, and that all the goods are in stock. You hope to have been of some help.

c) You are writing to someone who is due to visit your company next month. Unfortunately, Mrs Bailey will be away. Suggest a different date and ask the visitor whether that is convenient.

Nützliche Wörter

a) verbringen, der Exportleiter, begleiten, wahrscheinlich, bestätigen
b) leider, erst am. . . , einverstanden sein, die Broschüre, die Preisliste, vorrätig
c) verreist, ein anderer Termin, vorschlagen, einen Termin ausmachen/vereinbaren, das paßt mir/Ihnen.

7 Suchen Sie für jede Organisation den passenden deutschen Firmennamen.

a) Tax adviser
b) Estate agent
c) Local authority
d) Lawyer
e) Photo agency

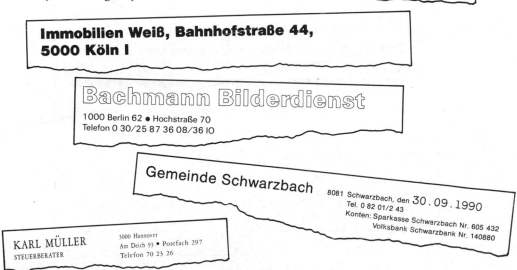

Braun & Shäfer
RECHSTANWÄLTE
ALTE DORFSTRAßE 37
8000 MÜNCHEN 25

Immobilien Weiß, Bahnhofstraße 44, 5000 Köln I

Bachmann Bilderdienst
1000 Berlin 62 ● Hochstraße 70
Telefon 0 30/25 87 36 08/36 IO

Gemeinde Schwarzbach
8081 Schwarzbach, den 30.09.1990
Tel. 0 82 01/2 43
Konten: Sparkasse Schwarzbach Nr. 605 432
Volksbank Schwarzbank Nr. 140880

KARL MÜLLER
STEUERBERATER
3000 Hannover
Am Deich 93 ● Postfach 297
Telefon 70 23 26

8 Hörverständnis

 On the cassette you will hear the texts of four letters. Decide what type of company they come from.

Information
Wenn der Inhalt einer Unterlage selbstverständlich ist, schreibt man sehr oft keinen Begleitbrief, sondern schickt einen Kurzbrief und kreuzt das passende Kästchen an.

---

9 Match each of the English translations to one of the German instructions:

a) settle the matter
b) make a decision
c) take note
d) retain
e) return
f) comment
g) respond by phone.

Kurzbrief

Unser Zeichen   Datum

Mit der Bitte um: ☐ Erledigung ☐ Entscheidung ☐ Kenntnis
☐ Verbleib ☐ Rückgabe ☐ Stellungnahame ☐ Anruf

Anlage

Privatbriefe

10

Lieber Dieter!

Viele Grüße aus Luzern.
Ich bin letzten Freitag ange-
kommen. Hier ist sehr viel los.
Das Wetter ist sehr schön. Hast
Du letzte Woche meinen Brief
bekommen?
Schreib bitte bald und
mach's gut.
Grüße bitte auch Deine
Familie.
Deine Katrin

An Herrn
Dieter Zimmermann
Hauptstr. 46
D-5400 Koblenz

Deutschland

Write a postcard to a friend telling him/her:

a) where you are
b) when you arrived
c) what there is to do
d) what the weather is like
e) where you are staying.

Information

Wenn man einen Brief schreibt, müssen Personal- und Possessivpronomen (du, dich, dein usw.) des Empfängers groß geschrieben werden. Zum Beispiel: Ich hoffe, daß es Dir gut geht. Was habt Ihr im Urlaub gemacht? Wie geht es Euren Eltern?

---

11 Write a letter to one of the hotels featured in the leaflet on the next page booking accommodation for yourself and/or your friends and family.

HOTELS UND GASTHÖFE

Alpenhotel Rettenberg, Fam. Ebner,
Kolsass, Tel. (6) 8240 oder (6) 8124, Telex 054203.
Hotel der gehobenen Klasse mit persönlicher Note im
Tiroler Stil. Alle Zimmer mit Dusche oder Bad/WC,
Personenaufzug, öffentl. Telefonanschluß, Radio und
Fernsehanschluß. Freundliche Speiseräume, gemütliche Zirm- u. Jägerstube. Café-Terrasse. Garten mit
beheiztem Swimmingpool.

Hotel Weererwirt, Fam. Schwemberger,
Weer, Tel. (6) 8117.
Restaurant, Caféterrasse, Tanzbar, gemütliche Gaststuben, Zimmer mit allem Komfort und einfache Zimmer. Hotelkindergarten, geheiztes Freischwimmbad,
gr. Liegewiese, Kinderspielplatz, Minigolf, Zimmergewehrschießstand, Reitschule, Reithalle, Stallungen,
Reiterstüberl, Café mit Blick in die Reithalle, moderne
Kegelbahnen.

Gasthof Schmalzerhof,
Fam. Baumgartner,
Weer, Tel. (6) 8116.
Ein Haus zum Wohlfühlen. Komfortzimmer mit TV-
Anschluß und Balkon, rustikale Stuben und Aufenthaltsräume, überdachte Caféterrasse, großer Gastgarten, Spielplatz und Liegewiese mit Schwimmbad.
Zusätzlich 2 Ferienhäuser zum Alleinbewohnen für 2-8
Personen.

Gasthof Jägerhof, Fam. Egger,
Kolsassberg, Tel. (6) 8207.
Alle Zimmer mit Dusche und WC (Komfortzimmer),
Sauna und Solarium, Schwimmbad. In ruhiger, erholsamer Lage mit herrlicher Aussicht auf das Inntal!
Gemütliche Gasträume. Direkt bei der Talstation des
Schiliftes und in der Nähe der Übungslifte.

Gasthof Steixner, Fam, Hirschhuber,
Weer, Tel. (6) 8256.
Gutbürgerliche Küche, gemütliche Gasträume, Zimmer
mit Komfort, günstige Preise. Swimmingpool mit Liegewiese, ruhige und zentrale Lage. Waldnähe.

Jausenstation Gartlach, Fam. Lintner,
Kolsassberg, Tel. (6) 8326.
Ruhiger Berggasthof in sonniger Lage mit herrlicher
Aussicht auf das Inntal. Zimmer mit Dusche, Sonnenterrasse, Liegewiese, Parkplätze. Im Winter Rodelbahn
bis ins Tal.

Innsbruck — Autobahn — Achensee — Kufstein München
Arlberg — Wattens — Schwaz — Zillertal
Brenner
WEER - KOLSASS KOLSASSBERG

FREMDENVERKEHRSVERBAND
WEER - KOLSASS - KOLSASSBERG

A-6114 KOLSASS, TIROL - AUSTRIA
Tel. (05224) (6)* 8124 oder (6)* 8240
(* ab 1990 bitte 6 dazuwählen!)
Telex: 054203

Summary of language forms

1 **The imperfect and perfect tenses in letter writing**
The imperfect tense is used to describe states and completed actions further back in
time than the immediate past. It is also used in narrative. The perfect tense is used to
express recently completed actions.

119

Ihren Brief vom 30. Mai habe ich gerade bekommen.

Als Herr Merten aus der Fabrik kam, setzte er sich in seinen Wagen und fuhr nach Hause.

Note that *sein* and *haben* are used almost invariably in the imperfect.

Ich war heute nicht im Büro.

2 The pluperfect tense

The pluperfect tense is used to express an action or event completed prior to some past point in time that is specified or implied. It is formed from the imperfect tense of *haben* or *sein* and the past participle.

Ich *hatte* von der Sache *gehört*.

Ich *war* schon nach Hause *gefahren*.

3 Capital letters in correspondence

Personal pronouns and possessive pronouns relating to people addressed in correspondence always begin with a capital letter. This happens automatically when the formal *Sie* is used.

Ich bitte *Sie*, alle Unterlagen zurückzuschicken.

Ich danke *Ihnen* für *Ihren* Brief.

Ich danke *Dir* für *Deine* Karte.

Additional exercises

1 Complete the following sentences with *am, vom, bis zum, ab, im* or *den*.

a) Wir danken Ihnen für Ihr Schreiben _____ 8. September.

b) Ich habe sie _____ Februar angesprochen.

c) _____ 7. _____ 15. Juli sind wir im Urlaub.

d) _____ 20. Mai müssen Sie mit Herrn Schmidt sprechen.

e) _____ 13. April fährt der Geschäftsführer nach Österreich.

f) Bitte reservieren Sie mir ein Hotelzimmer für _____ 4. Mai.

g) Den wievielten haben wir heute? _____ 11. Oktober.

2 Put the following sentences into the pluperfect tense.

a) Wir fügten dem Brief unsere neueste Preisliste bei.

b) Herr Rieth flog am 1. Oktober nach England.

c) Er übernahm seine Arbeit am 8. Oktober.

d) Ich unterschrieb den Vertrag.

e) Ich schickte ihm die Unterlagen am 20. Juni zu.

f) Man lehnte seinen Antrag auf Baugenehmigung ab.

Transcripts of listening comprehensions and dictations

Chapter 1, exercise 10

a) Ich arbeite für den Personalleiter eines Verlags. Ein großer Teil meiner Arbeit besteht aus Maschinenschreiben — vor allem Manuskripte für neue Bücher und auch viele Briefe. Ich muß auch Berichte tippen, den Terminkalender für meinen Chef führen, Besucher empfangen und betreuen, Reisen im In- und Ausland vorbereiten, und natürlich Kaffee kochen. Da ich während des Tages sehr lange am Schreibtisch sitze, gehe ich abends gern aus. Ich gehe z.B. tanzen oder in meinen Sportverein.

b) Mein Beruf gefällt mir sehr, obwohl er sehr anstrengend ist. Ich arbeite meistens innerhalb Europas, aber manchmal auch in Übersee. Als erstes muß ich die Passagiere begrüßen und ihnen die Sitzplätze zuweisen. Andere Aufgaben sind Getränke und Mahlzeiten servieren, Kleinkinder betreuen, erste Hilfe leisten und Auskunft geben. Natürlich muß man auch Fremdsprachen können, da Passagiere aus aller Welt mit uns fahren. Ich persönlich spreche Englisch, Französisch, etwas Spanisch und, wie Sie hören, lerne ich jetzt Deutsch. Mindestgröße für Frauen ist 1,60m und für Männer 1,68m. Ich reise sehr gern und habe sehr viele interessante Städte und Leute kennengelernt.

c) Meine Arbeit ist sehr abwechslungsreich. Jeden Tag passiert etwas anderes. Zum Beispiel kann an einem Tag ein Unfall passieren, wo ich Hilfe leisten muß. Am nächsten Tag findet möglicherweise eine politische Demonstration statt. Wir haben dann sehr viel zu tun. An einem anderen Tag müssen wir zu einem großen Fußballspiel, um für Ordnung zu sorgen, und so weiter. Unter anderem muß ich auch Berichte schreiben, den Verkehr kontrollieren, Auskunft geben. Es kommen immer mehr Ausländer in unsere Stadt. Deshalb möchte ich eine Fremdsprache lernen.

d) Ich verkaufe Lebensmittel aus meinem Land an andere Länder. Jetzt, wo die Leute immer mehr ins Ausland fahren, steigt die Nachfrage nach Essen und Getränken aus dem Ausland. Ich kaufe zum Beispiel Wein, Käse, Kuchen vom Hersteller und verkaufe sie dann weiter an meine Kunden. Dauernd suche ich neue Kunden und muß deshalb oft ins Ausland fahren. Deutsch finde ich besonders wichtig.

e) Ich fahre mehrmals pro Monat durch Deutschland bis in die Schweiz oder nach Österreich. Obwohl die Leute oft Englisch verstehen, zum Beispiel in Restaurants, an Tankstellen, in Hotels oder in den Lagerhäusern, denen ich Güter zuliefere, kommt es oft vor, daß man kein Englisch spricht. Das ist aber für mich kein Problem mehr. Ich spreche jetzt Deutsch.

Chapter 1, exercise 16

30. Juni 1990
Beurteilung

Frau Britta Merten, geboren am 20.8.1963, war vom 1.10.1988 bis zum 30.6.1990 in unserer Gesellschaft als Fremdsprachen-Korrespondentin tätig.

Frau Merten erledigte in unserer Verkaufsabteilung den Schriftverkehr in deutscher, englischer und französischer Sprache.

Frau Merten ist eine angenehme Mitarbeiterin, die alle ihr übertragenen Arbeiten zu unserer Zufriedenheit erledigt hat. Sie besitzt eine gute Auffassungsgabe und war stets fleißig und zuverlässig.

Frau Merten verläßt uns auf eigenen Wunsch. Für die Zukunft wünschen wir ihr alles Gute.

Lohmann-Export GmbH

Chapter 2, exercise 9

- Entschuldigung, wie komme ich am besten zum Bahnhof?
- Gehen Sie diese Straße entlang bis zur Kreuzung, dann gehen Sie links. Den Bahnhof sehen Sie dann am Ende der Straße.
- Vielen Dank.
- Nichts zu danken.

- Ich muß zum Krankenhaus. Können Sie mir bitte sagen, wo das liegt?
- Ja, gehen Sie hier geradeaus bis zum Kreisverkehr. Am Kreisverkehr gehen Sie denn weiter geradeaus. Das Krankenhaus liegt nach ungefähr 500 m auf der rechten Seite.
- Ich danke Ihnen vielmals.
- Gern geschehen.

- Wo liegt das Rathaus?
- Von hier aus müssen Sie geradeaus bis zur Kreuzung, dann rechts in die Grüne Straße. Das Rathaus liegt auf der linken Seite zwischen der Sporthalle und der Volkshochschule. Hinter dem Rathaus ist ein großer Parkplatz.
- Danke schön.
- Bitte schön.

- Ich suche das Postamt.
- Gehen Sie bis zum Kreisverkehr, dann rechts. Nach zwei Minuten oder so nehmen Sie die erste Straße links. Dort sehen Sie das Postamt auf der rechten Seite neben der Sparkasse.
- Danke für Ihre Hilfe.
- Gern geschehen.

- Entschuldigung, wo kann man hier parken?
- Fahren Sie diese Straße entlang. Kurz vor der Kreuzung dort drüben sehen Sie ein Parkhaus auf der linken Seite.
- Ich suche auch den Marktplatz.
- Dann haben Sie Glück. Der Marktplatz liegt direkt hinter dem Parkhaus.
- Vielen Dank.
- Nichts zu danken.

● Können Sie mir den Weg zur Bibliothek zeigen?

■ Ja, sicher. Fahren Sie diese Straße entlang, dann an der Kreuzung links. Kurz vor dem Bahnhof biegen Sie nach rechts in die Steinstraße. Fahren Sie bis zum Ende. Dort sehen Sie dann die Bibliothek.

Chapter 2, exercise 15

a) Sie hören jetzt den Wetterbericht für Nordrhein-Westfalen vom Wetteramt Köln ausgegeben um 7.00 Uhr mitteleuropäische Zeit. Im ganzen Gebiet morgens kalt und wolkig, zeitweise auch vereinzelte Regenschauer. Nachts etwas kälter. Mäßiger Wind aus Nord-Osten. Tageshöchsttemperatur 8 Grad, Tiefsttemperatur nachts 3 Grad. Aussichten: morgen und übermorgen etwas wärmer, zeitweise auch sonnig.

b) Sie hören jetzt den Wetterbericht des deutschen Wetterdienstes Hamburg für Dienstag den 30. Mai. Bei geringen Luftdruckgegensätzen bestimmen in Süddeutschland warme, im Norden kühle Luftmassen das Wetter. Im Norden, teils wolkig, teils heiter. Tageshöchsttemperaturen 18 bis 21 Grad, nachts zwischen 7 und 10 Grad. In der Mitte und in Süddeutschland heiter bis wolkig. In der zweiten Tageshälfte gebietsweise bedeckt mit zum Teil kräftigen Gewittern. Tageshöchsttemperaturen 22 Grad, Tiefstwerte nachts 10 oder 11 Grad. Vorhersage für Mittwoch und Donnerstag: im Norden wenig Änderung, in den anderen Gebieten Schauer und Gewitter. Das war der Wetterbericht.

Chapter 3, exercise 11

a) Wie hoch ist die Anzahl der Beschäftigten?
475
b) Wieviel Einwohner hat dieses Dorf?
7917
c) Wieviel Gewinn hat die Firma erzielt?
Drei Milliarden
d) Wie groß ist dieses Grundstück?
1492 Hektar
e) Was wiegt diese Maschine?
Nur dreieinhalb Kilo
f) Wieviel Benzin haben Sie getankt?
20,5 Liter
g) Der Container hat einen Inhalt von. . . ?
45 Kubikmeter
h) Wie groß ist dieser Karton?
40,75 Kubikzentimeter
i) Ist das Büro sehr klein?
33,8 Quadratmeter

Chapter 4, exercise 5

a) Ich beziehe mich auf Ihr Angebot vom dritten März, Ihr Zeichen UV/js. Ich habe mir die Sache gründlich überlegt und möchte jetzt bei Ihnen folgendes bestellen:

Einen Personal-Computer Preis DM1875,—
Sechs Disketten zu je DM10,—.
Lieferung: spätestens Ende des Monats
Zahlung: innerhalb vier Wochen.

b) ● Guten Tag, Herr Schröder, hier Benning von der Autowerkstatt Schmidt. Haben Sie Autoreifen, Größe 175-SR-14-TL noch vorrätig?
 ■ Ja, haben wir.
 ● Dann schicken Sie mir bitte 50 Stück zu. Ich habe meinen letzten gerade verkauft.
 ■ Dann liefern wir sie sofort.
 ● Gut, geben Sie mir eben den Gesamtbetrag durch?
 ■ Moment, also, DM105,— mal 50 macht DM5250,—. Dann bekommen Sie 2% Rabatt. Gesamtbetrag DM5145,—. Die Rechnung schicken wir Ihnen in ein paar Tagen zu. Wie ist Ihre Kunden-Nummer bitte?
 ● 407796.
 ■ Wenn Sie die Rechnung innerhalb von 14 Tagen bezahlen, bekommen Sie noch 1% Rabatt.

c) ● Grüß Gott, Herr Röhrs, wir brauchen möglichst schnell neue Queues und Bälle für unsere Billiard-Tische. Wir haben nächsten Dienstag einen Wettkampf in unserem Sportverein.
 ■ Das schaffen wir, glaube ich. Welche Größe brauchen Sie?
 ● Länge 1475mm, Mittelgewicht. Was kosten die denn?
 ■ Mal sehen. DM57,— das Stück inklusive Mehrwertsteucr. Wieviel brauchen Sie?
 ● Zehn Stück.
 ■ Das macht insgesamt DM570,—. Brauchen Sie sonst noch etwas?
 ● Ja, einen Satz Bälle, Größe 52,5mm, 22 Stück, Referenz 3387. Ist ein weißer Ball auch dabei?
 ■ Sie bekommen einen weißen.
 ● Kriegen wir cine Ermäßigung?
 ■ Für diese Menge bekommen Sie 5%.

Chapter 4, exercise 11

● Guten Tag, Herr Schwarz. Ich beziehe mich auf unser Telefongespräch von gestern. Ich habe die Sache mit meinen Vorgesetzten besprochen, und wir möchten bei Ihnen einiges bestellen.
■ Gut. Das freut mich. Moment mal, ich muß mir etwas zum Schreiben holen.
● Ja, erstens: zehn Kameras, Modell Nr XC5, zum Preis von je DM325,75. Und zweitens: zehn Taschen, Preis DM90,50 das Stück. Drittens: Ferngläser, Modell 67/10, sechs Stück, zum Preis von je DM160,35. Ich nehme an, daß diese Preise stimmen.
■ Ja, die sind aus unserer neuesten Preisliste und sind inklusive Verpackung, Lieferung und Mehrwertsteuer. Bis wann brauchen Sie die Waren?
● Anfang nächsten Monats, also in zehn Tagen. Bitte schicken Sie alles an unser Geschäft in der Kölner Straße.
■ Das geht in Ordnung, Frau Bauer. Wir schicken Ihnen unsere Auftragsbestätigung in den nächsten Tagen zu.

Chapter 5, exercise 4

Wann können Sie liefern?
am 22. Oktober
am 27. März
Ende der 42. Kalenderwoche
übernächste Woche
heute in zwei Wochen
Anfang nächsten Monats
sobald wie möglich

schnellstens
erst nächsten Dienstag
am ersten Juni, dann alle vier Monate
Mitte des Jahres

Chapter 5, exercise 16

Warum wurde der Auftrag night pünktlich ausgeführt?

Der Sachbearbeiter war krank.
Wir warten auf Lieferungen von Rohstoffen.
Wir mußten einige unserer Maschinen reparieren.
Einige Bestandteile, die von unserem Lieferanten bestellt wurden, waren fehlerhaft.
Die Verzögerung ist auf einen Hafenarbeiterstreik zurückzuführen.
Der Spediteur hatte eine Panne, und ein anderer Lkw ist jetzt unterwegs.
In unseren Unterlagen steht der nächste Donnerstag als Liefertermin.
Die Verzögerung hat mit uns gar nichts zu tun. Der Grund dafür ist die Zollabfertigung.
Das weiß ich im Moment nicht. Ich muß mal nachsehen.

Chapter 5, exercise 19

Warum beschwert sich der Kunde?

Das Gerät funktioniert nicht.
Die Maschine ist zu klein.
Die Maschine entspricht nicht den Angaben.
Es fehlten zwei Teile.
Die Waren sind zu spät angekommen. Wir haben die gleichen Waren woanders bekommen.
Die Kleider haben die falsche Größe.
Sie haben uns 100 Kilo zu wenig geliefert.
In jedem Buch fehlen die Seiten 101 bis 105.
Die Qualität ist sehr schlecht. Das können wir unserem Kunden wirklich nicht weiterliefern.
Diese Größe und Qualität haben wir nicht bestellt.

Chapter 6, exercise 2

a) ● Guten Tag. Ich möchte gern Reiseschecks einlösen.
   ■ Wieviel haben Sie denn?
   ● 150 Pfund Sterling. Wie ist der Wechselkurs heute?
   ■ DM2,84. Das muß ich noch ausrechnen. Ja, sie bekommen DM426,—.

b) ● Ich habe hier etwas englisches Geld, das ich umtauschen möchte.
   ■ Bitte schön. Das Pfund ist heute gestiegen und steht auf DM3,01. Wieviel Geld möchten Sie
      wechseln?
   ● 150 Pfund.
   ■ Dafür bekommen Sie DM451,50. Das gebe ich Ihnen zum größten Teil in Fünfzig- und
      Zwanzigmarkscheinen mit etwas Kleingeld. Geht es so?
   ● Ja, das geht.

c) Ich möchte englische Reiseschecks einlösen. Wie steht der Kurs heute?

■ Heute ist der Kurs um 10 Groschen von 18,92 auf 18,82 Schilling gefallen. Wieviel Geld möchten Sie wechseln?

● 475 Pfund.

■ Dafür bekommen Sie 8939,50 Schilling. Dazu kommt unsere Gebühr von 15 Schilling. Also, Sie bekommen 8924,50.

d) ● Guten Tag, nehmen Sie hier schottische Banknoten?

■ Ja, die nehmen wir.

● Ist der Wechselkurs heute besser?

■ Ja, der ist seit gestern etwas gestiegen. Er steht auf 2,40 Franken.

● Ich möchte 55 Pfund umtauschen.

■ Also, 132 Franken abzüglich unserer Gebühr. Dafür bekommen Sie 125,50 Franken.

Chapter 6, exercise 8

Bitte notieren Sie die Daten und Rechnungsnummern.

Ich beziehe mich auf unsere Rechnung Nr. 1286 vom 23. Mai.
Haben Sie meine Rechnung yl/708 vom 27. Februar?
Ihre Rechnung Nr. 652 bezieht sich nicht auf die von uns erhaltenen Waren.
Unsere Rechnung 941 vom 1. März stimmt nicht.
Rechnung Nr. sz/392 ist noch nicht bezahlt.
Bitte begleichen Sie sofort unsere Rechnung 90/156/wb vom 29. Juli.
Wir beziehen uns auf einige Außenstände, und zwar Rechnungen 624 und 719 vom 8. Mai und 20. Juni.
Unsere Rechnung Nr. 47532 haben wir gestern abgeschickt. Die müßte morgen bei Ihnen sein.

Chapter 7, exercise 11

a) Lufthansa bittet alle Passagiere des Fluges 5392 zum Ausgang 8.

b) Guten Tag meine Damen und Herren. Lufthansa-Flug 6015 ist nun zum Einsteigen bereit. Wir bitten Sie, jetzt nicht mehr zu rauchen. Fluggäste mit grünen Bordkarten bitten wir zuerst einzusteigen, danach Fluggäste mit blauen Bordkarten.

c) Meine Damen und Herren, wir sind in wenigen Minuten zum Start bereit und bitten Sie nun, Ihre Sitzgurte anzulegen und festzuziehen. Bitte klappen Sie die Tische hoch, und stellen Sie die Rückenlehne senkrecht.

d) Meine Damen und Herren, wir möchten Sie nun mit den Sicherheitsvorkehrungen an Bord unseres Flugzeuges vertraut machen. Dieses Flugzeug hat sechs Notausgänge. Sie sind gekennzeichnet durch das Wort Ausgang oder Exit. Unsere Sicherheitsinstruktionen sagen Ihnen, wo sich diese Ausgänge befinden, und wie sie zu benutzen sind.

e) Sollte ein unerwarteter Druckverlust eintreten, fällt automatisch eine Sauerstoffmaske aus der Klappe über Ihrem Sitz. In diesem Fall bitten wir Sie, das Rauchen einzustellen, und die Sauerstoffmaske fest auf Mund und Nase zu drücken.

f) Meine Damen und Herren, wir befinden uns jetzt im Anflug auf Hamburg und bitten Sie nun, nicht mehr zu rauchen und die Sitzgurte wieder anzulegen. Des weiteren bitten wir Sie, die Tische wieder hochzuklappen und die Rückenlehnen Ihrer Sitze wieder in aufrechte Position zu bringen.

Chapter 8, exercise 10

Guten Abend. Hier ist das Fremdenverkehrsamt. Wir sind montags bis freitags von 9 bis 18.00 Uhr und sonntags und feiertags von 10 bis 17.00 Uhr geöffnet. Wir geben Ihnen jetzt einen kurzen Überblick über unsere Stadt und Umgebung.

Wenn Sie in der Stadt bleiben möchten, haben wir ein großes Unterhaltungsangebot. Gehen Sie z.B. ins „Theater am Rhein" in der Luegallee. Karten bekommen Sie an der Kasse. Außerdem haben wir zwei Kinos, das „Lichtbild" in der Bahnhofstraße und das „Merkur" am Marktplatz.

Für Sportler gibt es ein Hallenbad in der Grünstraße und ein Freibad etwas außerhalb der Stadt in der Nähe des Stadions im Vorort Gladbach. Im Naturpark finden Sie auch einige Trim-dich-Pfade.

Zu den zahlreichen kulturellen Einrichtungen und historischen Bauten gehören das Museum, die Kunstgalerie, eine Bibliothek, das Rathaus aus dem letzten Jahrhundert, die Liebfrauenkirche und das Schloß mit seinem Park. Alle befinden sich in der Stadtmitte und sind gut ausgeschildert.

Sehr empfehlenswert, besonders für Familien, ist ein Besuch im Zoo im Stadtteil Heimbach. Schiffsausflüge auf dem Rhein sind auch sehr beliebt.

Wenn Sie weitere Fragen haben, rufen Sie uns während der Öffnungszeiten an, oder kommen Sie persönlich zu unserer Informationsstelle in der Alteckstraße.

In der Zwischenzeit wünschen wir Ihnen einen angenehmen Aufenthalt.

Chapter 9, exercise 9

Meine Telefonnummer ist wie folgt:

Vorwahl 089 dann 32 60 59.
Vorwahl 058 dann 46 73 81.
Vorwahl 074 dann 79 45 22.
Telefonnummer 08141 600 für die Zentrale, oder Sie können direkt durchwählen mit der Nummer 08141 6 13 26.

Eine Vorwahl brauchen Sie nicht, nur die Nummer 4 72 31. Das ist die Zentrale. Von dort werden Sie verbunden.

Chapter 9, exercise 14

a) Guten Tag. Hier Firma Bauer AG. Unser Büro ist heute nicht besetzt. Bitte sprechen Sie Ihren Namen und Ihre Telefonnummer aufs Tonband. Wir setzen uns dann morgen mit Ihnen in Verbindung.

b) Müller, guten Tag. Diese Woche bin ich im Urlaub. Wenn Sie dringende Fragen haben, wenden Sie sich an meinen Partner, Dr. Bisch, der unter Nummer 60 81 74 zu erreichen ist, oder hinterlassen Sie Ihren Namen und Ihre Telefonnummer. Nach meiner Rückkehr hören Sie von mir.

c) Guten Tag. Hier Kellermann. Leider sind wir zwischen 11.00 Uhr und 15.30 Uhr nicht zu sprechen. Sie können uns ab 15.30 Uhr wieder erreichen. Ansonsten steht Ihnen unser automatischer Anrufbeantworter zur Verfügung. Bitte sprechen Sie nach dem Signalton.

Chapter 10, exercise 8

a) Sehr geehrte Herren,

bitte schicken Sie mir alle Rechnungen, Quittungen und Kontoauszüge zu, damit die Buchhaltung den Jahresabschluß machen kann.

Mit freundlichen Grüßen

b) Sehr geehrte Frau Koch,

bitte lesen Sie den beigefügten Vertrag durch. Wenn alles in Ordnung ist, können Sie den Vertrag unterschreiben.

Hochachtungsvoll

c) Sehr geehrte Herren,

hiermit erteilen wir Ihnen die Genehmigung für den Abdruck unserer drei Fotos von Köln und dem Rhein. Wir bitten um die Übersendung einer Gebühr von DM144,— sowie eines Exemplare Ihres Buches.

mit freundlichen Grüßen

d) Sehr geehrter Herr Schneider,

Ihren Antrag auf Baugenehmigung für eine Fabrik in der Steinstraße Nr. 6 müssen wir leider ablehnen. Dieses Grundstück steht mitten in einem Wohnviertel und ist für industrielle bzw. kommerzielle Zwecke nicht geeignet. Wir fügen Ihnen eine Kopie unseres Bescheids bei.

mit freundlichen Grüßen

Irregular verbs

The following list shows the principal parts of the root verbs relating to the irregular verbs occurring in *Working with German Coursebook 2*.

Verbs taking *sein* in the perfect tense are marked † in the main vocabulary list.

Infinitive	3rd Person Singular Present	3rd Person Singular Imperfect	Past Participle
bieten	bietet	bot	geboten
binden	bindet	band	gebunden
bleiben	bleibt	blieb	geblieben
brechen	bricht	brach	gebrochen
bringen	bringt	brachte	gebracht
empfehlen	empfiehlt	empfahl	empfohlen
fangen	fängt	fing	gefangen
fallen	fällt	fiel	gefallen
finden	findet	fand	gefunden
geben	gibt	gab	gegeben
gehen	geht	ging	gegangen
gelten	gilt	galt	gegolten
gleichen	gleicht	glich	geglichen
haben	hat	hatte	gehabt
halten	hält	hielt	gehalten
hängen	hängt	hing	gehangen
heben	hebt	hob	gehoben
kennen	kennt	kannte	gekannt
kommen	kommt	kam	gekommen
laden	lädt	lud	geladen
lassen	läßt	ließ	gelassen
leihen	leiht	lieh	geliehen
liegen	liegt	lag	gelegen
messen	mißt	maß	gemessen
nehmen	nimmt	nahm	genommen
nennen	nennt	nannte	genannt
rufen	ruft	rief	gerufen
schaffen	schafft	schuf	geschaffen
scheiden	scheidet	schied	geschieden
scheinen	scheint	schien	geschienen
schieben	schiebt	schob	geschoben
schlagen	schlägt	schlug	geschlagen
schneiden	schneidet	schnitt	geschnitten
schreiben	schreibt	schrieb	geschrieben
sehen	sieht	sah	gesehen
sein	ist	war	gewesen

senden	sendet	sandte ⎱ sendete ⎰	gesandt ⎱ gesendet ⎰
sinken	sinkt	sank	gesunken
sitzen	sitzt	saß	gesessen
sprechen	spricht	sprach	gesprochen
stehen	steht	stand	gestanden
steigen	steigt	stieg	gestiegen
tragen	trägt	trug	getragen
treffen	trifft	traf	getroffen
treiben	treibt	trieb	getrieben
tun	tut	tat	getan
vergessen	vergißt	vergaß	vergessen
verlieren	verliert	verlor	verloren
weisen	weist	wies	gewiesen
wenden	wendet	wandte ⎱ wendete ⎰	gewandt ⎱ gewendet ⎰
werfen	wirft	warf	geworfen
wissen	weiß	wußte	gewußt
ziehen	zieht	zog	gezogen

Abbreviations

b. bis   until

betr. betrifft   concerning

ca. circa   approximately

EDV elektronische Datenverarbeitung   processing by computer

EG Europäische Gemeinschaft   European Community

evtl. eventuell   possibly

f. für   for

fr. frei   free delivery

ges. gesucht   sought

i.A. im Auftrag   on behalf (of)

J. Jahre   years

Inh. Inhaber   proprietor

KW Kalenderwoche   calendar week

MEZ mitteleuropäische Zeit   Middle European time

MwSt Mehrwertsteuer   value added tax

od. oder   or

prov. provisorisch   provisional

S. Seite   page

sof. sofort   immediately

St. Stück   item,   Stellung   job, vacancy

Ustdn. Unterrichtsstunden   hour's tuition

verk. verkaufen   to sell

v. von   from

z.Hd. zu Händen   for the attention (of)

Vocabulary list

*irregular verb
†verbs taking *sein* in the perfect tense

A

ab (dat) from
ab und zu   now and again
ab Lager   ex stock
ab Werk   ex works
abdrucken (sep)   to print
die **Abfahrt, –en**   exit
die **Abflugszeit, –en**   departure time
abhangen von* (sep)   to depend on
abholen (sep)   to fetch
ablehnen (sep)   to turn down, to decline
das **Abitur**   approximate equivalent of 'A' level
abmessen* (sep)   to measure
die **Abmessung, –en**   measurement, dimension
abnehmen* (sep)   to remove, lift
das **Abonnement, –s**   subscription
abrunden (sep)   to complete, to round off
abschicken (sep)   to dispatch
der **Abschluß, ¨sse**   school/work testimonial
die **Absprache, –n**   arrangement
absehbar   foreseeable
die **Agentur, –en**   agency
der **Agrarpreis, –e**   agrarian price
der **Agrarmarkt**   agriculture market
ähnlich   similar
das **Akkreditiv, –e**   letter of credit
die **Akte, –n**   file
akzeptieren   to accept
allerbeste   very best, utmost
alle paar   every few
alle zwei   every two
alles   everything
allgemein   general
die **Allgemeinbildung**   general education
allmählich   gradually
das **Aluminium**   aluminium
amtlich   official
anbei   enclosed
anbieten (sep)   to offer
anbringen (sep)   to fix
andere   other

unter anderem   among other things
ändern (refl)   to alter
anerkannt   recognised
der **Anfang, ¨e**   beginning
anfangen* (sep)   to begin
anfechten* (sep)   to contest
anfordern (sep)   to request
das **Anforderungsprofil, –**   suitability profile
die **Anfrage, –n**   enquiry
die **Angabe, –n**   detail
angeben* (sep)   to give details of
das **Angebot, –e**   offer, quotation
die **Angelegenheit, –en**   matter
angenehm   pleasant
angesichts   with regard to, in view of
anhand (gen)   with the help of
anhören (sep)   to listen to
anknüpfen   to establish
die **Ankunftshalle, –n**   arrivals area
die **Ankunftszeit, –en**   arrival time
die **Anlage, –n**   enclosure
anlegen (sep)   to put on
anliefern (sep)   to deliver
die **Anmeldung, –en**   registration
annehmen* (sep)   to accept
die **Annonce, –n**   advertisement
der **Anruf, –e**   telephone call
anrufen (sep)   to phone
die **Ansage, –n**   announcement
anschauen (sep)   to look at
der **Anschluß, ¨sse**   connection
anschreiben (sep)   to write to
die **Anschrift, –en**   address
die **Ansicht, –en**   view, opinion
ansonsten   otherwise
der **Anspruch, ¨e**   demand
anstatt (gen)   instead of
anstrengend   tiring
der **Anteil, –e**   proportion, share
der **Antrag, ¨e**   application
das **Antragsformular, –e**   application form

die **Antwort, –en**   answer
die **Anweisung, –en**   instruction
die **Anwendung, –en**   use, application
die **Anzahl, –en**   number, amount
die **Anzahlung, –en**   deposit
die **Anzeige, –n**   advertisement
anzeigen (sep)   to report, notify
anziehen* (sep)   to put on
der **Apparat, –e**   telephone
die **Arbeit, –en**   work
der **Arbeitgeber, –**   employer
arbeitslos   unemployed
die **Arbeitskraft, ⸚e**   manpower, workforce
der **Arbeitsplatz, ⸚e**   work-place, job vacancy
die **Armbanduhr, –en**   wristwatch
der **Artikel, –**   article, item
ätzend   corrosive
die **Auffahrt, –en**   drive, approach road
die **Aufgabe, –n**   task
aufgeben* (sep)   to place (an order)
aufheben* (sep)   to pick up
aufholen (sep)   to regain
auflegen (sep)   to put down
aufnehmen* (sep)   to take up
aufrecht   upright
aufrechterhalten* (sep)   to maintain
der **Aufschlag, ⸚e**   addition, additional costs
aufstellen (sep) to set up
der **Auftrag, ⸚e**   order
die **Auftragsbestätigung, –en**   confirmation of order
das **Auftreten**   outward appearance
der **Ausdruck, ⸚e**   expression
ausführen (sep)   to fulfil (an order)
ausführlich   in detail
ausfüllen (sep)   to fill in
die **Ausgabe, –n**   expenditure
der **Ausgang, ⸚e**   exit
die **Ausgeglichenheit, –en**   stability
ausgehen* (sep)   to go out
ausgeprägt   pronounced
ausgezeichnet   excellent
auskennen* (refl) (sep)   to know one's way around
die **Auskunft, ⸚e**   information
die **Auslandsauskunft, ⸚e**   overseas directory enquiries
das **Auslandsferngespräch, –e**   international call

die **Auslandserfahrung, –en**   experience of working abroad
ausreichend   sufficient
ausrechnen (sep)   to calculate
ausrichten (sep)   to tell, to give a message
der **Ausschuß, ⸚sse**   committee
aussehen* (sep)   to look, to appear
außer   except for, outside
der **Außenbezirk, –e**   surrounding area
der **Außenstand, ⸚e**   outstanding payment
ausstatten (sep)   to equip
die **Ausstattung, –en**   equipment
ausstellen (sep)   to issue, to exhibit
die **Ausstellung, –en**   exhibition
aussuchen (sep)   to choose, to select
die **Auswahl, –en**   choice
auszeichnen (sep)   to award
der **Auszug, ⸚e**   extract
die **Autobahn, –en**   motorway
der **Autoreifen, –**   car tyre
die **Auto-Reservierung, –en**   car reservation office
das **Auto-Telefon, –e**   car telephone
die **Auto-Werkstatt, ⸚en**   car repair garage

B

baden gehen   to go under (literally 'to go swimming')
die **Bahn, –en**   railway
die **Bahnfracht, –en**   rail freight
der **Bahnhof, ⸚e**   station
baldig   prompt
der **Ball, ⸚e**   ball
das **Ballett, –e**   ballet
das **Bankkonto, –s**   bank account
die **Banknote, –n**   bank note
die **Bankverbindung, –en**   bank details (literally 'connection')
bar   in cash
das **Bargeld, –er**   cash
bauen   to build
das **Bauwerk, –e**   building
bayrisch   Bavarian
beantworten   to answer
bedanken (refl)   to thank
bedauern   to regret
bedeuten   to mean
bedeutend   significant
die **Bedingung, –en**   condition

befinden* (refl)   to be (situated)

begehren   to desire

begleiten   to accompany

begrüßen   to greet

der **Behälter, –**   case, container

die **Behandlung, –en**   treatment

behaupten   to maintain

beherrschen   to have command of

die **Behörde, –n**   authority

bei   at

beifügen (sep)   to enclose

beilegen (sep)   to enclose

das **Beispiel, –e** example

beispielsweise   for example

bekannt   acquainted, well-known

bekanntmachen (sep)   to introduce

bekommen*   to receive, to get

die **Beleuchtung, –en**   lighting

die **Benennung, –en**   description

benötigen   to need

benutzen   to use

die **Benutzungsanleitung, –en**   operating instruction

die **Benutzung, –en**   use

bequem   convenient, comfortable

die **Beratung, –**   advice

berechnen   to calculate

die **Berechnung, –en**   calculation

berechtigen   to entitle

der **Bereich, –e**   area

bereit   prepared

bereits   already

der **Bericht, –e**   report

berücksichtigen   to take into account

beruflich   vocational

die **Berufsausbildung, –en**   vocational training

beschädigt   damaged

beschaffen   to obtain

beschäftigen   employ

Bescheid sagen   to tell

Bescheid wissen*   to know

die **Beschichtung, –en**   covering, coating

die **Beschilderung, –en**   signposting

beschreiben*   to describe

die **Beschwerde, –n**   complaint

das **Besetztzeichen, –**   engaged tone

besichtigen   to view

besondere   special

besonders   particularly

besprechen*   to discuss

die **Besprechung, –en**   discussion

der **Bestandteil, –e**   component part

bestätigen   to confirm

bestehen*   to be, exist

bestehen aus* (dat)   to consist of

bestellen   to order

der **Besteller**   customer

die **Bestellmenge, –n**   amount ordered

die **Bestellkopie, –n**   copy of order

die **Bestellnummer, –n**   order number

die **Bestellung, –en**   order

der **Bestimmungsort, –e**   destination

bestimmen   to affect, influence

der **Betrag, ⸚e**   amount

der **Betrieb, –e**   business, company

außer Betrieb   out of operation

die **Betriebsanlage, –n**   works equipment

die **Betriebsferien (pl)**   company/works holiday

das **Bewußtsein**   awareness

bezahlen   to pay (for)

die **Bezeichnung, –en**   marking

der **Bezirk, –e**   area

Bezug nehmen*   to refer to

die **Bezugnahme, –n**   reference

beziehen* auf (acc)   to refer to

beziehungsweise   or, alternatively

die **Bezugsbedingung, –en**   purchase condition

die **Bezugsquelle, –en**   source

die **Bibliothek, –en**   library

der **Biergarten, ⸚**   beer garden

bieten*   to offer

der **Bildungsurlaub**   educational holiday

bitten*   to ask

die **Blende, –n**   fascia, header panel

der **Bote, –n**   messenger, personal delivery

die **Bordkarte, –n**   boarding pass

die **Brücke, –n**   bridge

die **Brückenwaage, –n**   weighbridge

brutto   gross

das **Bruttojahreseinkommen, –**   gross annual income

der **Bürgermeister, –**   mayor

die **Bürotechnik**   office technology

das **Buch, ⸚er**   book

buchen   to reserve, book

der **Buchstabe, –n**   letter of alphabet (weak noun)

buchstabieren   to spell

die **Bundesbahndirektion**   management of German Railways

der **Bundesumweltminister, –**   Minister for
the Environment
der **Bürger, –**   citizen
das **Büro, –s**   office

C

der **Chef, –s**   boss
die **Chemie**   chemistry
chemiefrei   free from chemicals
die **Chemiefabrik, –en**   chemical factory
der **Chemiker, –**   chemist
chemisch   chemical
circa   about, approximately
der **Computer, –**   computer
der **Container, –**   container

D

da   there, since
das **Dach, –̈er**   roof
dagegen   on the other hand
damals   at that time
die **Damenhose, –n**   ladies' trousers
damit   so that, in order that
die **Dampferfahrt, –en**   steamer trip
danach   after that
dankbar   thankful
das **Datum, Daten**   date
die **Dauer, –n**   duration
der **Dauerauftrag, –̈e**   standing order
dauernd   constantly
dazu   in addition
das **Depot, –s**   depot
derzeitig   current
desweiteren   moreover
deutlich   clear(ly)
deutschsprachig   German-speaking
die **Devisenreserve, –n**   currency reserve
der **Diaprojektor, –en**   slide projector
dicht   dense
diktieren   to dictate
die **Dimension, –en**   dimension
der **Dirigent, –en**   conductor
die **Diskette, –n**   disc
diskutieren   to discuss
das **Display, –s**   display screen
der **Dolmetscher, –**   interpreter
der **Dom, –e**   cathedral
dort   there
dreieinhalb   three and a half
dringend   urgent(ly)

zu dritt   in threes
drucken   to print
drücken   to press
die **Druckerei, –en**   printing works
die **Drucksache, –n**   printed matter
der **Druckverlust, –e**   loss of pressure
durchgeben* (sep)   to send
durchgehend   continuous
durchkommen* † (sep)   to get through,
get connected
durchstellen   to put through, transfer
durchwählen (sep)   to dial direct

E

eben   just
ebenfalls   likewise
EDV-mäßige Verarbeitung   processing
by computer
ehe   before
eigen   own
das **Eigengewicht, –e**   actual weight
die **Eigenschaft, –en**   quality
das **Eigentum, –̈er**   property
der **Eigentumsvorbehalt, –e**
eignen (refl)   to be suitable
die **Eilzustellung, –en**   express mail
der **Einblick, –e**   insight
einfach   simple
die **Einfahrt, –en** entrance
die **Einfuhrabgabe, –n**   import deduction
die **Einführung, –en**   introduction
der **Eingangstermin, –e**   date of receipt
eingeführt   established
einhängen (sep)   to replace the receiver
die **Einheit, –en**   unit
der **Einheitspreis, –e**   unit price
einige   several
der **Einkauf, –e**   purchase
das **Einkaufen**   shopping
die **Einkaufsbedingung, –en**   purchase
condition
das **Einkaufskonto, –s**   customer account
einladen* (sep)   to invite
die **Einladung, –en**   invitation
einlösen (sep)   to exchange
die **Einlösung, –en**   cashing in
einmal   some time, once
die **Einnahme, –n**   income
einrichten (sep)   to start
im Einsatz   in use

die **Einsatzzeit, –en**   duration of use

einschieben* (sep)   to insert

einschließlich   including

die **Einschränkung, –en**   restriction

einschreiben* (sep)   to register

einsetzen (sep)   to implement

einstecken (sep)   to insert

einsteigen* † (sep)   to get in, board

eintreffen* (sep)   to arrive

eintreiben* (sep)   to collect

einverstanden   in agreement

die **Einwegverpackung, –en**   one-way packaging

einwerfen* (sep)   to insert

die **Einwohnerzahl, –en**   number of inhabitants

die **Einzelheit, –en**   detail

die **Eisenbahn, –en**   railway

die **Eisenbahnlinie, –n**   railway line

die **Eisenbahnstrecke, –n**   railway route

elektronisch   electronic

die **Eltern** (pl)   parents

der **Empfang, –̈e**   reception desk, receipt

in Empfang nehmen*   to receive

empfangen*   to receive

der **Empfänger, –**   recipient

empfehlen*   to recommend

das **Ende, –n**   end

enden   to end

englisch   English

das **Enkelkind, –er**   grandchild

enorm   greatly

die **Entfernung, –en**   distance

enthalten*   to contain

das **Entgegenkommen**   co-operation

die **Entscheidung, –en**   decision

die **Entscheidungsfrist, –en**   decision date, deadline

die **Entscheidungsstärke, –n**   ability to make decisions

entsprechen*   to correspond

entschuldigen (refl)   to apologise

die **Entsorgung, –en**   disposal

entweder . . . oder   either . . . or

das **Entwicklungsland, –̈er**   developing country

entzündlich   inflammable

erstrecken   to stretch, to extend

die **Erde, –n**   Earth

der **Erdumfang**   circumference of the Earth

erfahren   experienced

die **Erfahrung, –en**   experience

erfinden*   to devise, to find, to invent

der **Erfolg, –e**   success

erfolgen   to take place

erfolgreich   successful

erforderlich   necessary

die **Erfrischung, –en**   refreshment

erfüllen   to fulfil

erhalten*   to receive

der **Erhalt, –̈e**   receipt

erhältlich   obtainable

erheben*   to levy (surcharge)

erhöhen   to increase

erklären   to explain

erkundigen (refl)   to enquire

erinnern   to remind

das **Erlebnis, –se**   experience

erlesen   (top) quality

die **Ermäßigung, –en**   reduction

eröffnen   to open up, offer

die **Eröffnung, –en**   opening

errichten   to set up, establish

ersatzweise   as a replacement

erscheinen*   to appear

die **Erscheinung, –en**   appearance

das **Erscheinungsbild, –er**   overall display

ersehen*   to see

ersetzen   to replace

erst   not until

erstellen   to start up

erstens   firstly

erstrecken   to stretch, to extend

erteilen   to place

erwachsen   adult

erwähnen   to mention

erwarten   to expect

die **Erwartung, –en**   expectation

erwerben   to obtain

erwünschen   to require

erzählen   to tell

das **Erzeugnis, –se**   product

das **Essen**   food

etablieren   to establish

das **Etikett, –en**   label

das **Etui, –s**   case

etwa   approximately

eventuell   possibly

die **Examenszensurnote, –n**   examination mark

das **Exemplar, –e**   copy
expandieren   to expand
explosionsgefährlich   danger of explosion
exportieren   to export

F
die **Fabrik, –en**   factory
der **Fachingenieur, –e**   specialist engineer
das **Fachwissen**   specialist knowledge
die **Fahrkartenausgabe, –n**   ticket office
der **Fahrpreis, –e**   price of a ticket
die **Fahrt, –en**   journey
die **Fahrzeugtechnik**   car technology
der **Fall, -̈e**   case
fallen*†   to fall
fällig   due
die **Fälligkeit, –n**   due date
falls   in case
falsch   wrong
der **Faltebehälter, –**   collapsible, folding
   container
die **Faltwand, -̈e**   folding display board
familiär   familiar
die **Familie, –n**   family
die **Farbe, –n**   colour
fehlen   to be missing
fehlerhaft   faulty
feiern   to celebrate
der **Feiertag, –e**   public holiday
fein   fine
die **Feinmechanik**   light engineering
das **Fenster, –**   window
das **Fernschreiben, –**   telex
fertig   ready
die **Fertigkeit, –en**   accomplishment, skill
die **Fertigung**   production
fest   firm, solid, permanent
festlich   festive
festsetzen (sep)   to set, fix
festziehen (sep)   to fasten
feucht   damp
fettarm   low in fat
die **Feuerwehr**   fire service
die **Firma, –en**   firm, company
der **Fisch, –**   fish
flach   flat
die **Fläche, –n**   area
das **Flächenmaß, –e**   surface, square
   measurement
der **Fleiß**   diligence

die **Flexibilität**   flexibility
fliegen*†   to fly
der **Fluggast, -̈e**   passenger
der **Flughafen, –**   airport
flüssig   liquid
folgen† (dat)   to follow
fördern   to promote
die **Forderung, –en**   demand
die **Förderung, –n**   advancement, promotion
der **Förderbetrag, -̈e**   grant
die **Forschungsabteilung, –en**   research
   department
die **Fortbildung**   in-service training
die **Fracht, –en**   freight
frachtfrei   freight free
die **Frachtliste**   freight list
der **Fragefall, -̈e**   query
eine Frage stellen   to ask a question
fragen   to ask
franko   free of charge, franco
frei   free
frei an Bord   free on board
frei Ihrem Werk   free to your works
die **Freizeit, –en**   free time
die **Fremdsprache, –n**   foreign language
frequentieren   to frequent
die **Freude**   joy
freuen (refl) **auf** (acc)   to look forward to
freuen (refl) **über** (acc)   to be pleased
   about
der **Freund, –e**   friend
frisch   fresh
die **Fristüberschreitung, –en**   failure to meet
   deadline
frühestens   at the earliest
führen   to organise (diary)
der **Führerschein, –e**   driving licence
funktionieren   to operate
furchtbar   terrible

G
ganz   all, quite
gar nichts   nothing at all
das **Gebäude, –**   building
gebietsweise   in areas
geboren   born
gebrauchen   to use
die **Gebrauchstüchtigkeit**   efficiency,
   soundness
die **Gebühr, –en**   fee

das **Geburtsdatum, –daten**   date of birth
das **Geburtsland, ⁔er**   country of birth
der **Geburtsort, –e**   place of birth
   geeignet   suitable
   gefährlich   dangerous
   gefallen*   to please
   gegen   against
die **Gegend, –en**   area
das **Gegenteil, –e**   opposite
   gegenüber   in contrast with, as opposed to
die **Gegenwart**   presence
   gegenwärtig   at present
das **Gehalt, ⁔er**   salary
das **Gehäuse, –**   casing
   gekrümmt   folded
das **Gelände, –**   estate, site
   gelb   yellow
   gelten*   to be valid
   gemäß   according to
die **Gemeinde, –n**   community
   genau   exact, exactly
die **Genehmigung, –en**   approval, permission
das **Genehmigungsverfahren, –**   procedure
      for granting approval
   genügen   to comply with
   gepflegt   refined, well-kept
   gerade   just
das **Gerät, –e**   equipment, machine
   gerichtlich   legal
der **Gesamtbetrag, ⁔e**   total amount
der **Gesamtpreis, –e**   total price
   geschäftlich   business
der **Geschäftsbrief, –e**   business letter
der **Geschäftsführer, –**   managing director
der **Geschäftsmann, –leute**   business man
die **Geschäftsverbindung, –en**   business
      connection
die **Gesellschaft, –en**   company
   gesondert   separate
das **Gespräch, –e**   conversation
   gestalten   to lay out
   gestern   yesterday
   gestrig   yesterday's
das **Getränk, –e**   drink
   gewähren   to allow
das **Gewitter, –**   thunderstorm
   giftig   poisonous
das **Glas, ⁔er**   glass
   glauben   to believe
   gleich   same, immediately

   gleichen*   to equal
   gleichfalls   likewise
   gleichzeitig   simultaneously
die **gleitende Arbeitszeit**   flexitime
   gnädig   gracious
   Gnädige Frau   Madam
der **Grad, –e**   degree
das **Gramm, –e**   gram
   grob   coarse
die **Größe, –n**   size
die **Größenordnung, –en**   scale
der **Großhändler, –**   wholesale dealer
der **Großvater, ⁔**   grandfather
   grün   green
der **Grund, –e**   reason
   gründen   to found
der **Grundkurs, e**   elementary course
die **Grundlage, –n**   foundation
   gründlich   thorough
die **Gruppe, –n**   group
die **Grüßformel, –n**   greeting
   Grüß Gott!   Hello!
   gültig   valid
der **Gummi, –s**   rubber
   günstig   favourable, good
das **Gut, ⁔er**   goods
der **Güterverkehr**   goods traffic

H
der **Hafen, –**   dock(s), port
der **Hafenstreik, –s**   dock strike
die **Halde, –n**   heap
die **Haltbarkeit**   durability
   halten*   to maintain, to present
das **Handbuch, ⁔er**   handbook
die **Hand, ⁔e**   hand
die **Hand geben***   to shake hands
   zu Händen von   for the attention of
der **Handel, –**   trade
   handeln   to take action
   es handelt sich um   it is a question of, it
      is about
der **Handelspartner, –**   trade partner
die **Hansestadt, ⁔e**   town belonging to the
      Hanseatic League
   häufig   frequent(ly)
der **Hauptsitz, –e**   head office
   zu Hause   at home
   hausgemacht   home-made
der **Haushalt, –e**   household

heiter   bright
der **Hektar, –e**   hectare
die **Hektik**   hectic situations
helfen (dat)   to help
herabsetzen   (sep)   to reduce
die **Hergabe, –n**   presentation
die **Herkunft**   origin
das **Herrenhemd, –en**   man's shirt
die **Herrenjacke, –n**   man's jacket
der **Hersteller, –**   producer, manufacturer
das **Herz, –en**   heart
herzlichst   cordially
heute nachmittag   this afternoon
heutig   today's, of today
hier oben   up here
die **Hilfe**   help
die **Hilfsgröße, –n**   substitute currency
die **Hinsicht, –en**   respect
der **Hinweis, –e**   instruction
hinweisen auf (acc)   to point out, to
   refer to
der **Hochdruck**   high pressure
hochformat   vertical format
hochklappen   (sep) to fold up
hochschätzen (sep)   to value
höchst   extremely
hochwertig   high quality
hoffen auf (acc)   to hope for
höflich   polite
die **Höhe, –n**   height
in der Höhe von   at a rate of
das **Holz, –̈er**   wood
hören   to hear
der **Hörer, –**   receiver (telephone)

I
identifizieren   to identify
das **Identifizierungszeichen, –**   identification
   (mark)
immer noch   still
der **Immobilienhändler, –**   estate agent
das **Implantat**   implantation
importieren   to import
imstande sein*   to be capable
die **Industrie- und Handelskammer, –n**
   chamber of commerce
das **Industrieunternehmen, –**   industrial
   company
infolgedessen   as a result
das **Informationsblatt, –̈er**   information sheet

informell   informal
der **Inhalt, –e**   content
das **Initialwort, –̈er**   acronym
inklusive   inclusive (of)
innerhalb (gen or *von*)   within
insgesamt   totalling
das **Interesse, –n**   interest
Interesse an (dat) **haben**   to be interested
   in something
der **Interessent, –en**   applicant
irgendein   any

J
das **Jahr, –e**   year
die **Jalousie, –n**   Venetian blind
je   of each, per
je nach   depending on, according to
jeder   every
zu jeder Zeit   at any time
jedoch   however
jedweder   any
jetzt   now
jeweils   of each

K
die **Kabine, –n**   cabin
der **Kahn, –̈e**   barge
der **Kai, –s**   quay
die **Kalenderwoche, –n**   calendar week
die **Kamera, –s**   camera
die **Kapazität, –n**   capacity
kaputt   broken
kariert   checked
der **Karton, –s**   carton
der **Käse**   cheese
die **Kasse**   cash desk
der **Kauf, –̈e**   purchase
der **Kaufpreis, –e**   purchase price
kaum   hardly
kennen*   to know
kennenlernen (sep)   to meet, to become
   acquainted, to get to know
die **Kenntnisnahme**   information
das **Kennzeichen, –**   mark
die **Kernarbeitszeit, –en**   main hours of work
das **Kilogramm, –e**   kilogram
das **Kino, –s**   cinema
die **Kiste, –n**   packing-case
klar   clear
klären   to sort out, clarify

die **Klasse, –n**   class
das **Klavier, –e**   piano
die **Kleinanzeige, –n**   small ad
das **Klettband**   velcro tape
   klettern   to climb
   klingeln   to ring
die **Klimaanlage, –n**   air-conditioning
die **Knappheit, –en**   shortage
der **Koch, ⸚e**   cook
die **Kommunikationsfähigkeit**   ability to
   communicate
die **Kondition, –en**   condition
das **Konnossement, –e**   bill of lading
das **Konto, –en**   account
   kontrollieren   to control
das **Kontrollsystem, –e**   system of inspection
das **Konzert, –e**   concert
die **Konzerthalle, –n**   concert-hall
die **Kooperationsfähigkeit**   ability to
   co-operate
die **Kopie, –n**   copy
die **Korbwährung, –en**   basket of currencies
   kostenlos   free of charge
das **Kraftfahrzeug, –e**   motorised vehicle
   krank   ill
die **Krawatte, –n**   tie
die **Kreativität**   creativity
die **Kreditkarte, –n**   credit card
der **Kreisverkehr**   roundabout
   kriegen   to get (colloquial)
das **Kubikmeter, –**   cubic metre
die **Küche, –n**   kitchen, cuisine
der **Kuchen, –**   cake
der **Kugelschreiber, –**   ball-point pen, biro
der **Kühlschrank, ⸚e**   fridge
der **Kunde, –n**   customer (man)
die **Kundin, –nen**   customer (woman)
die **Kunst, ⸚e**   art
die **Kunstgalerie, –n**   art gallery
der **Kunststoff, –e**   man-made material
der **Kurier, –**   (express) courier
der **Kurs, –e**   course
   kurz   short

L
die **Lage, –n**   situation, position
die **Lagerhalle, -n**   warehouse
das **Lagerhaus, ⸚er**   warehouse
   landesspezifisch   related to the *Land*
   lärmarm   quiet

die **Landnummer, –n**   country code
   (telephone)
lang   long
   langer Samstag   late shopping (i.e. until
   18.00)
die **Längsseite**   length (of ship), alongside
die **Last, –en**   load
der **Lastkraftwagen, –**   lorry
die **Laufzeit, –en**   duration
   laut   according to
der **Lautsprecher, –**   loudspeaker
der **Lebenslauf, ⸚e**   curriculum vitae
die **Lebensmittel** (pl)   foodstuffs
der **Lebensstrang, ⸚e**   life-line
   lebhaft   lively
   leer   empty
der **Lehrgang, ⸚e**   apprenticeship
das **Leichtmetall, –e**   light metal
   leider   unfortunately
   leidtun (sep)   to be sorry
   leisten   to offer, give
   leisten (refl) (dat)   to afford
die **Leistung, –en**   donation
der **Leiter, –**   manager
die **Leitung, –en**   line
die **Leitlinie, –n**   guideline
die **Lieferabteilung, –en**   delivery department
der **Lieferant, –en**   supplier
die **Lieferbedingung, –en**   delivery condition
   liefern   to deliver, supply
der **Lieferschein, –e**   delivery note
der **Liefertermin, –e**   delivery date
die **Lieferung, –en**   delivery
die **Lieferungskosten** (pl)   delivery costs
die **Lieferzeit, –en**   delivery time
die **Linie, –n**   line, route
der/das **Liter, –**   litre
   löschen   to extinguish
die **Luft, ⸚e**   air
die **Luftfracht, –en**   air freight
der **Luftfrachtbrief, –e**   airway bill
die **Luftpost**   airmail
   Lust haben*   to want to

M
die **Mahlzeit, –en**   meal
die **Mahnung, –en**   reminder, warning
   mal   multiplied by, times
   manchmal   sometimes
der **Mangel, ⸚**   shortage

das **Manuskript, –e** manuscript
die **Maschine, –n** aeroplane
der **Maschinenbau** engineering
das **Maschinenschreiben** typewriting
die **Masse, –n** mass
maßgebend decisive, acting as a guideline
die **Maßnahme, –n** measure, step
die **Medizin** medicine
das **Meer, –e** sea
mehrere several
die **Mehrwertsteuer, –n** value added tax
meinen über (acc) to think, have an opinion about
meist most
das/der **meiste** most
meistens mostly
melden (refl) to report, answer, get in contact
die **Menge, –n** quantity
der **Mengenbedarf** quantity required
die **Messe, –n** trade fair
der **Messestand, –** stand at trade fair
das/der **Meter, –** metre
mieten to rent
der **Mietwagen** hire car
das **Mikrophon, –e** microphone
die **Milliarde, –n** thousand million (British), billion (US)
das/der **Millimeter, –** millimetre
der **Mindestbestellwert, –e** minimum quantity ordered
der **Mitarbeiter, –** colleague, employee
miteinander with one another, together
die **Mitfahrt, –en** participation
das **Mitglied, –er** member
das **Mitgliedsland, –er** member country
mitteilen (sep) to inform
das **Mittelgewicht, –e** average weight
mittelgroß average size
mitunter occasionally
die **Mobilität** mobility
das **Modell, –e** model
möglich possible
möglicherweise possibly
die **Möglichkeit, –en** possibility
möglichstschnell as soon as possible
der **Monatsbetrag, ∸e** monthly amount
die **Monatsrate, –n** monthly instalment
die **Montage** fitting
Morgen! Good morning!

morgens in the morning
die **Motivationsfähigkeit, –en** ability to motivate
der **Müll** rubbish
mündlich verbally
die **Münze, –n** coin
das **Münztelefon, –e** coin-operated telephone
das **Museum, –een** museum
die **Musik** music
das **Muster, –** sample
das **Musterstück, –e** sample item
N
der **Nachbar, –n** neighbour
die **Nachfrage, –n** demand
nachfragen (sep) to enquire
die **Nachfrist, –en** extension of time limit
die **Nachnahme** cash on delivery
der **Nachname, –n** surname
die **Nachricht, –en** news
nachschlagen* (sep) to look up
nachsehen* (sep) to check
nächste next
der **Nachtklub, –s** night club
der **Nachweis, –e** evidence
die **Nähe, –n** vicinity
in der Nähe von near
die **Nahrungsmittel** (pl) foodstuffs
der **Nahverkehr** local travel
die **Namentaste, –n** button with name on
namhaft well-known
die **Nässe** wetness
die **Naturwissenschaft, –en** natural science
nennen* to name
der **Nerv, –en** nerve
netto Kasse cash with discount
neu again, new
die **Neuordnung** reclassification
nicht mehr no longer
das **Nichtraucherzeichen** no-smoking sign
nicht wahr? aren't you? isn't it?
niederlassen (refl) (sep) to set up a business
die **Niederlassung, –en** subsidiary company
noch einmal (once) again
nochmals (once) again
nördlich northern
der **Notausgang, ∸e** emergency exit
notieren to note down
nötig necessary
die **Notmaßnahme, –n** emergency measure
die **Nudel, –n** noodle

die **Nummer, –n**   number
nutzen   to use
nützen   to be of use

O

ob   whether
obenstehend   above
obig   above
öffentlich   public
die **Offerte, –n**   offer, quotation
ohne   without
die **Omnibusverkehrgesellschaft, –en**   bus company
die **Oper, –n**   opera
die **Optik**   optics
die **Ordentlichkeit**   tidiness
die **Ordnung**   order
in Ordnung   that's fine
die **Orgel, –n**   organ
die **Originalität**   authenticity, originality
der **Ort, –e**   place
örtlich   local
der **Ortsname, –n**   place-name
die **Osterferien**   Easter holidays
der **Overheadprojektor, –en**   overhead projector

P

ein paar   a few
das **Paket, –e**   parcel
die **Palette, –n**   pallet
das **Panel, –e**   panel
die **Panne, –n**   breakdown
das **Papier, –e**   paper
der **Parkplatz, ⁻e**   car park
der **Paß, Pässe**   pass, permit
der **Passagier, –e**   passenger
der **Passant, –en**   passer-by
passen   to be suitable
passieren †   to happen
die **Person, –en**   person
das **Personal**   personnel
der **Personalausweis, –e**   personal identity card
der **Personalcomputer**   home, personal computer
der **Personalleiter, –**   personnel manager
die **Persönlichkeit, –en**   personality
die **Pfeife, –n**   pipe
pflegen   to care for

das **Pfund, –e**   pound sterling
die **Phantasie**   imagination
die **Pharmaindustrie**   pharmaceutical industry
das **Photokopiergerät, –e**   photocopier
der **Plan, ⁻e**   plan
der **Platz, ⁻e**   seat
die **Platzreservierung, –en**   seat reservation
die **Politik**   policy
die **Polizei**   police
das **Porto, –s**   postage
das **Porzellan, –e**   porcelain
die **Post, –**   post, postal service
die **Postleitzahl, –en**   postcode
der **Posten, –**   item
das **Postfach, ⁻er**   post-office box
die **Postüberweisung, –en**   postal transfer
prägen   to mint
die **Preisliste, –n**   price list
die **Preisstellung, –en**   (quoted) price
preiswert   good value
prima   good, great
der **Privatbrief, –e**   private letter
die **Privatnummer, –n**   private number
pro   per
das **Probestück, –e**   test-piece
das **Produkt, –e**   product
das **Profil, –e**   profile
das **Programm, –e**   programme, range
der **Prospekt, –e**   brochure
das **Prozent, –e**   percent(age)
prüfen   to test, to try out
die **Prüfung, –en**   examination, testing
psychisch   mental, psychological
pünktlich   punctual
die **Pünktlichkeit**   punctuality

Q

der/das **Quadratmeter, –**   square metre
qualifizieren   to qualify
die **Qualität, –en**   quality
die **Qualitätsnorm, –en**   standard
die **Quelle, –n**   source
das **Queue, –s**   cue (snooker)

R

der **Rabatt, –e**   discount
das **Radio, –s**   radio
der/das **Radiergummi, –s**   rubber, eraser
radioaktiv   radioactive
rahmenlos   frameless
das **Rahmenprofil, –e**   edge

der **Rand, ⸚er**   edge
die **Rate, –n**   instalment
die **Ratenzahlung, –en**   payment by instalments
das **Rathaus, ⸚er**   town hall
der **Raum, ⸚e**   room
das **Raummaß, –e**   capacity, cubic measure
die **Rechnung, –en**   invoice
   auf Rechnung von   to the account of
   in Rechnung gehen   to be charged
die **Rechnungseinheit**   unit of calculation
die **Rechnungserhalt, ⸚e**   receipt of invoice
   rechtzeitig   prompt
der **Rechtsanwalt, ⸚e**   lawyer
   recyclingfähig   recyclable
   reden   to speak
   reduzieren   to reduce
die **Referenz, –en**   reference
die **Regelung, –en**   regulation
   regelmäßig   regular
   reichhaltig   plentiful, numerous
die **Reihe, –n**   row
   an der Reihe sein*   to be next, have one's turn
die **Reisebroschüre, –n**   travel brochure
die **Reiseleitung, –en**   accompanied journey
der **Reisepaß, –pässe**   passport
der **Reisescheck, –s**   traveller's cheque
die **Reisezeit, –en**   time of travel
   reparieren   to repair
das **Rezept, –e**   recipe
   richtig   correct
die **Richtigkeit**   correctness
die **Richtung, –en**   direction
   riesig   gigantic, extensive
   rigoros   rigorous
der **Rohstoff, –e**   raw material
der **Rolladen, –**   roller blind
die **Rolle, –n**   role
   eine Rolle spielen   to play a role
   rostfrei   stainless
die **Rückenlehne, –n**   back-rest
die **Rückkehr**   return
die **Rückseite, –n**   reverse side
die **Rufnummer, –n**   telephone number
   ruhen   to rest, be out of operation, cease trading
   rund   approximately
die **Rundfahrt, –en**   round trip
der **Rücktritt, –e**   withdrawal, resignation

S

der **Saal, Säle**   room
die **Sache, –n**   matter
der **Sachbearbeiter, –**   office worker in charge of a case
der **Sachbereich, –e**   subject area
die **Sachkosten**   expenditure
der **Sack, ⸚e**   sack
das **Salatbüffet, –s**   salad buffet
das **Salz, –e**   salt
   sammeln   to gather, collect
die **Sammlermünze, –n**   collector's coin
der **Satz, ⸚e**   sentence
die **Sauerstoffmaske, –n**   oxygen mask
die **S-Bahn, –en** (= Schnellbahn)   local train
der **Scheck, –s**   cheque
   schadstoffarm   with a low content of dangerous materials
   schadstofffrei   free of dangerous substances
   schaffen*   to manage
   schließen*   to form (a compromise)
   schicken   to send
das **Schiebedach, ⸚er**   sliding roof
   scheinen*   to seem
die **Schiene, –n**   track
das **Schiff, –e**   boat, ship
die **Schiffsfracht, –en**   sea freight
das **Schild, –er**   sign
   schlecht   poor
   schmal   narrow
   schmutzig   dirty
   schnellstens   as quickly as possible
   schneiden*   to cut
die **Schnur, ⸚e**   cable
der **Schrägstrich, –e**   oblique (line)
der **Schreibautomat, –en**   word processor
der **Schreibtisch, –**   desk
   schriftlich   in writing
der **Schriftverkehr**   correspondence
der **Schritt, –e**   step
der **Schuh, –e**   shoe
die **Schuld, –en**   debt, guilt
   ich bin schuld daran   I am guilty
die **Schule, –n**   school
   schützen   to protect
   schwach   weak
   schwachwindig   slight breeze
   schwarz   black
   schwerfallen* (sep)   to be difficult
   es fällt mir schwer   I find it difficult

die **Schwimmhalle, –n**   indoor swimming pool

die **Seefracht, –en**   sea freight

segeln   to sail

die **Schwierigkeit, –en**   difficulty

der **Seefrachtbrief, –e**   sea waybill

die **Sehenswürdigkeit, –en**   sight (worth seeing)

die **Seite, –n**   page

das **Seitenpanel, –e**   side panel

das **Sekretariat, –e**   secretary's office

der **Sekt, –e**   champagne, sparkling wine

der **Selbstwählferndienst, –e**   long distance direct dialling service

selten   seldom used

senden*   to send

die **Sendung, –en**   consignment

senken   to lower

der **Serienbrief, –e**   standard letter

der **Service, –s**   service

servieren   to serve

die **Setzung, –en**   implementation

sicher   sure

die **Sicherheit, –en**   confidence, safety

die **Sicherheitsinstruktion, –en**   safety instruction

die **Sicherheitsvorkehrung, –en**   safety procedure

der **Signalton, –e**   dialling tone

sinken*   to sink

sitzen*   to sit

der **Sitzgurt, –e**   seat-belt

der **Sitzplatz, ⁻e**   seat, place

die **Sitzung, –en**   meeting

die **Skizze, –n**   sketch

der **Skonto**   discount

der **Skontoabzug, ⁻e**   deduction for discount

so   so, like this

die **Socke, –n**   sock

sofern   provided (that)

sofort   immediately

sofortig   immediate

solche   such

der **Sonderabfall, ⁻e**   non-domestic waste

sondern   but

der **Sonderverkauf, ⁻e**   special sale

sonstig   other

sorgen für (acc)   to take care of

die **Sorte, –n**   type

das **Sortiment, –e**   range

sparen   to save

der **Spaß, ⁻e**   fun

spät   late

spätestens   at the latest

der **Spediteur, –e**   forwarding agent

der **Speicher, –**   memory

speichern   to store

speziell   special

die **Spezifikation, –en**   specification

spielen   to play

der **Spitzenwein, –e**   quality wine

der **Sprachkurs, -kurse**   language course

Sport treiben*   to do sport

das **Sportgeschäft, –e**   sports shop

sprechen*   to speak

der **Sprecher, –**   speaker

der **Staat, –en**   state

die **Staatsangehörigkeit, –en**   nationality

stabil   stable

die **Stadtgalerie, –n**   municipal gallery

städtisch   municipal

die **Stadtrundfahrt, –en**   tour of the city

das **Stadtzentrum, –tren**   town centre

der **Stahlproduzent, –en**   steel producer

ständig   constantly

der **Standort, –e**   position

stark   strong

die **Stärkung, –en**   refreshment

statt (gen)   instead of

stattdessen   instead of that

stattfinden*† (sep)   to take place

steigen*†   to rise

die **Stelle, –n**   place, spot

das **Stellenangebot, –e**   job vacancy

stellenweise   in places

die **Stellung, –en**   job

die **Stellungnahme, –n**   comment, position

stempeln   to stamp

stets   always

steuern   to steer

stimmen   to be right

stören   to interfere

stornieren   to cancel

das **Straßennetz, –e**   network of roads

die **Strecke, –n**   route, section

streng   strictly

das **Stück, –e**   item, piece

das **Stückgut, ⁻er**   individual item

der **Stückpreis, –e**   unit price

das **Studienfach, ⁻er**   subject studied

studieren   to study
der **Sub-Lieferant, –en**   sub-supplier
suchen   to look for

T

der **Tabakladen, ⁻**   tobacco shop
die **Tabelle, –n**   table
der **Tag, –e**   day
täglich   daily
tagsüber   during the day
die **Tankstelle, –n**   petrol station
tanzen   to dance
der **Tarifverbund, ⁻e**   tariff agreement
die **Tasche, –n**   pocket
das **Taschengeld, –er**   pocket money
die **Taste, –n**   push button, key
der **Tastenwahlblock, –s**   set of push buttons
tauschen   to exchange
das **Team, –s**   team
die **Technik**   technology
technisch   technical
der **Teil, –e**   part
die **Teillieferung, –en**   part delivery
teilnehmen* (sep)   to take part
der **Teilnehmer, –**   participant
das **Telefonbuch, ⁻er**   telephone book
die **Telefondurchwahl**   direct dialling
das **Telefongespräch, –e**   telephone conversation
die **Telefonkarte, –n**   telephone card
die **Telefonhaube, –n**   telephone hood
das **Telefonhäuschen, –**   telephone box
die **Telefonnummer, –n**   telephone number
die **Telefonzelle, –n**   telephone booth
der **Termin, –e**   appointment
einen Termin ausmachen (sep)   to fix an appointment
der **Terminablauf, ⁻e**   exceeding of time limit
der **Terminkalender, –**   appointments diary
der **Test, –s**   test
testen   to test
teuer   expensive
der **Textbaustein, –e**   recurring text
die **Textverarbeitung**   word processing
das **Theater, –**   theatre
das **Thema, –men**   theme
tippen   to type
der **Tisch, –e**   table
zu Tisch gehen*   to go for one's meal-break

die **Tischplatte, –n**   table-top panel
die **Tochtergesellschaft, –en**   subsidiary company
die **Tonne, –n**   tonne, 1000 kg
der **Totalausverkauf, ⁻e**   clearance sale
tragen*   to carry
die **Tragtasche, –n**   carry bag
der **Transport, –e**   transport
transportabel   portable
transportieren   to transport
das **Transportmittel, –**   means of transport
die **Transportmöglichkeit, –en**   transport possibilities
treffen*   to meet
trocken   dry
die **Trommel, –n**   drum
die **Trompete, –n**   trumpet
trotz   in spite of
der **Trumpf, ⁻e**   success
tschüs   goodbye, cheerio
die **Tugend, –en**   virtue
die **Tür, –en**   door

U

die **U-Bahn** (= Untergrundbahn)   underground train
über   about; for
der **Überblick, –e**   general view, idea
überfällig   overdue
übergeben*   to pass on
überhaupt   at all
überholen   to overhaul
(etwas) **überlegen** (refl + dat)   to think about (something)
übermorgen   day after tomorrow
übernächste (Woche)   (week) after next
übernehmen*   to begin, to assume, to take over from someone
die **Überraschung, –en**   surprise
die **Übersee**   overseas
übersenden*   to send
übersetzen   to translate
die **Übertragung, –en**   transmission
überweisen*   to transfer
die **Überzeugung, –en**   certainty, conviction
üblich   usual, normal
übrig   other
übrigens   moreover
das **Uhrengehäuse, –**   watch casing
um   by

die **Umgebung, –en** surrounding area
der **Umfang, ⁻e** circumference
umgehend by return
umgekehrt vice-versa, the other way round
umrechnen (sep) to convert
der **Umschlag, ⁻e** envelope
umsonst free of charge
die **Umwelt** environment
umweltfreundlich environmentally friendly
der **Umweltschutz** protection of the environment
das **Umweltzeichen, –** symbol for the environment
unbedingt without fail
unberücksichtigt not taken into account
unbezahlt unpaid
der **Unfall, ⁻e** accident
der **Unfalldienst** ambulance service
ungeduldig impatient
ungefähr approximately
die **Universität, –en** university
untenstehend following
unterbrechen* to interrupt
unterbreiten to submit
die **Unterhaltung, –en** entertainment
die **Unterkunft, ⁻e** accommodation
die **Unterlage, –n** support document, file
unternehmen* to do, to undertake
das **Unternehmen, –** company
unterscheiden* to distinguish
der **Unterschied, –e** difference
unterschiedlich various
die **Unterschrift, –en** signature
unterstreichen* to underline, stress
unterwegs en route
unverändert unchanged
unverbindlich not binding
unvollständig incomplete
unwiderruflich irrevocable
unzufrieden discontented
der **Urlaub, –e** holiday
ursprünglich original
das **Ursprungszeugnis, –se** certificate of origin

V

die **Verabschiedung** approval
verändern to alter
veranschlagen to estimate

der **Veranstalter, –e** organiser
die **Veranstaltung, –en** event
verantwortlich responsible
verbinden* to connect
die **Verbindung, –en** connection
verbleiben* to remain
verbrauchen to use up
die **Verbrennungsanlage, –n** incineration plant
verbringen* to spend
die **Verbundwirtschaft, –en** integrated economy
verdienen to earn
vereinbaren to agree on
die **Vereinbarung, –en** agreement
nach Vereinbarung as agreed
verfassen to write, compose
verfügen über (acc) to have at one's disposal
zur Verfügung stehen* to be available, at one's disposal
vergessen* to forget
der **Vergleich, –e** comparison
vergleichen to compare
vergüten to reimburse, refund
verhältnismäßig relatively
verkaufen to sell
die **Verkaufsabteilung, –en** sales department
die **Verkaufsbedingung, –en** sales condition
der **Verkaufsleiter, –** sales manager
der **Verkehr** traffic
das **Verkehrsamt, ⁻er** tourist office
verkehrsarm off-peak
das **Verkehrsmittel** means of transport
der **Verkehrsverbund, –e** transport authority
der **Verlag, –e** publishing company
der **Verlust, –e** loss
verlassen* to leave
verleihen* to award
verloren gehen† to be lost, to go missing
vermitteln to provide
die **Vermittlung, –en** switchboard, exchange
vernichten to destroy
vernünftig sensible
verpacken to pack, package
die **Verpackung, –en** packing
die **Verpackungsliste, –n** packing list
verpflichtet obliged
verreisen to travel
die **Versandanzeige, –n** advice note

das **Versandhaus, ⁻er**   mail-order company
die **Versandvorschrift, –en**   forwarding
  instructions
  verschieden   various, different
die **Verschiffung, –en**   shipment
die **Verschiffungsanweisung, –en**   shipping
  instructions
  versichern   to insure
die **Versicherung, –en**   insurance
  verständigen   to inform, to notify
  verstehen*   to understand
  verstehen* (refl)   to cover
  versuchen   to try
  vertraut   acquainted
der **Vertreter, –**   representative, agent
die **Vertretung, –en**   agency
die **Vertriebsleitung, –en**   sales management
  verwählen (refl)   to dial the wrong
  number
die **Verwaltung, –en**   administration
die **Verwendung, –en**   use
der **Verwendungszweck, –e**   use, application
das **Verzeichnis, –se**   directory
  verzichten   to do without
die **Verzögerung, –en**   delay
  verzollen   to pay duty on
der **Verzug, ⁻e**   delay
  viel   much, a lot
  viele   many
die **Vielfalt**   variety
  vielseitig   varied
  vierfach   fourfold
  viermal   four times
die **Vierzifferzahl, –en**   four-figure number
  völlig   completely
die **Violine, –n**   violin
die **Volkshochschule, –n**   adult education
  college
  vor   ago
  voraussehbar   foreseeable
  im voraus   in advance
  vorbeikommen* (sep)   to call in
  Vorbereitungen treffen*   to make
  arrangements
  vorgehen* (sep)   to proceed
der **Vorgesetzte**   superior
  vorhaben* (sep)   to plan
die **Vorhersage, –n**   forecast
der **Vorname, –n**   Christian/first name
  vorrätig   in stock

die **Vorraussetzung, –en**   stipulation,
  condition
der **Vorschlag, ⁻e**   suggestion
die **Vorschrift, –en**   regulation, instruction
die **Vorsicht**   caution
der **Vorsitzende**   chairman
  vorstellen* (refl)   to introduce onself
  vorstellen* (refl + dat)   to imagine
das **Vorstellungsgespräch, –e**   interview
der **Vorteil, –e**   advantage
der **Vortrag, ⁻e**   lecture
die **Vorwahl, –en**   town code, area code
  vorweisen* (sep)   to show, present
  vorzeigen (sep)   to present
  vorziehen* (sep)   to prefer

W
der **Waggon, –s**   goods wagon
die **Wahl, –en**   choice
  nach Wahl   choice (customer's/supplier's)
  wählen   to dial, to choose
die **Wahlwiederholungstaste, –n**   number
  replay button
  wahrscheinlich   probably
die **Währung, –en**   currency
die **Ware, –n**   item, goods
die **Warenannahme, –n**   receipt of goods
der **Warenausgang, ⁻e**   'goods-out'
der **Wareneingang, ⁻e**   'goods-in'
die **Wärme**   heat, warmth
die **Wärmeanlage, –n**   heating system
  warten auf (acc)   to wait for
  was. . . für(?)   what sort of(?)
der **Wasserstand, ⁻e**   water-level
die **Wasserstraße, –n**   waterway
  wechseln   to exchange
  wegen   owing to
  weglassen* (sep)   to omit
die **Weihnachten** (pl)   Christmas
die **Weinkneipe, –n**   wine-bar
die **Weinlese, –n**   wine harvest
  weiß   white
  weitergeben* (sep)   to pass on
die **Welt, –en**   world
die **Weltklasse**   world class
  aus aller Welt   from all over the world
  wenden* (refl) **an** (acc)   to contact
  wenig   little
  wenige   a few

die **Werbeleitung, –en** advertising
    department
das **Werk, –e** works
die **Werkstatt, ⁔e** place of work
der **Werkstoff, –e** material
die **Werkstoffnorm, –en** material standard
    wertvoll valuable
der **Wettbewerb, –e** competition
der **Wetterdienst, –** meteorological office
die **Wetterlage, –n** weather situation
    wichtig important
    widersprechen* to contradict
    wie lange? how long?
    wiederholen to repeat
    wiederverwendbar reusable
    wiegen* to weigh
    wirklich really
die **Wirtschaft** economy
    wirtschaftlich economic
der **Wirtschaftsverkehr** trade
    wissen to know
    woanders elsewhere
das **Wochenende, –n** weekend
    wöchentlich weekly
    wohnhaft resident
    wolkig cloudy
das **Wörterbuch, ⁔er** dictionary
    wunderbar wonderful
    wünschen to require

Z
die **Zahl, –en** number, amount
    zahlbar payable
die **Zahlung, –en** payment
die **Zahlungsbedingung, –en** conditions of
    payment
die **Zahlungserinnerung, –en** payment
    reminder
das **Zahlungsmittel, –** method of payment
der **Zahlungstag, –e** day of payment
die **Zahlungsweise, –n** method of payment
das **Zeichen, –** sign
der **Zeichner, –** draughtsman
die **Zeichnung, –en** drawing
die **Zeit** time
    zur Zeit at the time, at the moment
    zeitgemäß modern, up-to-date
der **Zeitpunkt, –e** time
die **Zeitung, –en** newspaper

der **Zeitungsartikel, –** newspaper article
    zeitweise part-time
die **Zentrale, –n** switchboard
die **Zentralverriegelung, –en** central locking
    zerbrechlich fragile
    zerkratzt scratched
das **Zeugnis, –se** certificate
    ziehen* to pull
das **Ziel, –e** aim
der **Zielbahnhof, ⁔e** destination (station)
der **Zielort, –e** destination
die **Zielstrebigkeit** determination
    ziemlich rather
die **Ziffer, –n** number, figure
der **Zins, –en** interest
der **Zinsaufschlag, ⁔e** increase in interest
die **Zollabfertigung, –en** customs clearance
die **Zone, –n** zone
das **Zubehör** accessories
    zuerst first of all
    zufrieden satisfied
die **Zugangsvoraussetzung, –en** entry
    requirement
    zugrunde legen to have as a basis
    zugrunde liegen* (dat) to be the basis for
    zukünftig future
    zunächst first
    zurückführen auf (acc) (sep) to be due to
    zurückrufen (sep) to call back
    zurückkommen*† (sep) to come back
    zurückschicken (sep) to send back
    zurücksenden* (sep) to send back, to return
    zurückstellen (sep) to transfer, put back
die **Zusammenarbeit** co-operation
    zusammenfassen (sep) to summarise
    zusammenlegbar collapsible, folding
    zusammensetzen (refl) (sep) to be
    composed of
die **Zusammensetzung, –en** composition
    zusätzlich additional
    zuschicken (sep) to send
der **Zuschlag, ⁔e** additional amount
    zuständig responsible
die **Zustellung, –en** dispatch, delivery
    zustimmen (sep) to agree
    zuverlässig reliable
    zuzüglich plus, in addition to
der **Zweig, –e** branch
    zwischen between